Karwendel

Robert Demmel

Karwendel

50 ausgewählte Wanderungen im »urweltlichen Gebirg'«
zwischen Isar und Achensee

Mit 60 Farbfotos,
47 Freytag & Berndt-Wanderkärtchen im Maßstab 1: 50 000
sowie 5 Freytag & Berndt-Übersichtskärtchen im Maßstab 1: 250 000

BERGVERLAG RUDOLF ROTHER GMBH • MÜNCHEN

Umschlagbild:
Die Pfeishütte zwischen der Inntalkette und der Gleiersch-Halltal-Kette.
Foto: Robert Demmel

Bild gegenüber dem Titel (Seite 2):
Die Schaufelspitze über dem uralten Baumbestand des Ahornbodens.
Foto: Norbert Schneider

Kartographie:
Wanderkärtchen im Maßstab 1: 50 000 © Freytag & Berndt, Wien

2. Auflage 1996

© Bergverlag Rudolf Rother GmbH, München

ISBN 3-7633-4214-1

Gesamtherstellung Rother Druck GmbH, München

(2480 / 61071)

Vorwort

Das »urweltliche Gebirg'«, in dessen Talgründen Münchens nicht mehr ganz so grüne Isar entspringt, zählt seit langer Zeit zu den beliebtesten Wandergegenden nicht nur oberbayerischer Tagesausflügler. Ein hervorragend gepflegtes Wegenetz und zahlreiche bewirtschaftete Schutzhütten locken Jahr für Jahr Naturliebhaber und Bergsteiger in Scharen aus nah und fern.

Obgleich natürlich die massentouristische Erschließung auch vor den Karwendelbergen nicht innehielt, sind doch große Teile dieser beinahe 1000 qkm großen Berggruppe als urwüchsige Naturlandschaft erhalten geblieben. Der landschaftszerstörenden Skierschließung, die andernorts das Bild ganzer Talschaften ruiniert, sind im Karwendel bislang nur einige wenige, vergleichbar kleine Randgebiete um Seefeld, Mittenwald, Innsbruck und Achensee zum Opfer gefallen. Mit dem eigenen PKW kann man gerade an einer Stelle, nämlich über die Mautstraße in die Eng, tief in das Karwendel vordringen. Ansonsten garantiert beinahe das gesamte Gebirge, übrigens das größte zusammenhängende Naturschutzgebiet der Ostalpen, ungetrübte Naturfreuden und oftmals einen Hauch Einsamkeit.

Gerade hierin liegt auch das besondere Bestreben dieses Wanderführers, Sie, liebe Bergfreunde, von den attraktiven und daher häufig überlaufenen Wanderwegen gelegentlich in die Stille namenloser, wenngleich nicht minder schöner Pfade zu entführen. Wer einmal in den wild- und waldreichen Vorbergen zwischen Schafreuter und Montscheinspitze scheuen Rauhfußhühnern begegnet oder im langen Hinterautal an einem frühen Oktobermorgen der Hirschbrunft zuhört, der wird sich an diese Augenblicke sicherlich lange erinnern.

Mit der Schilderung all dieser Naturschönheiten verbindet sich selbstredend die dringende Bitte, im Umgang mit den Bergen und deren Flora und Fauna Sorgfalt walten zu lassen, um dieses Kleinod intakter Naturlandschaft in seiner ursprünglichen Form erhalten zu helfen. In diesem Zusammenhang sei besonders auf eine Reihe günstiger öffentlicher Verkehrsverbindungen aus dem oberbayerischen Raum hingewiesen. Busse und Bahnen transportieren Sie meist nur in unwesentlich längerer Zeit an den Ausgangspunkt Ihrer Tour als das eigene Auto; selbst für eine Tagestour werden Sie dabei meist rechtzeitig an Ort und Stelle sein. Obendrein ermöglichen An- und Heimreise mit öffentlichen Verkehrsmitteln eine großzügige Tourenplanung bei Überschreitungen und Höhenwegen mit unterschiedlichen Start- und Zielpunkten.

Etting, im Frühjahr 1996   Robert Demmel

Inhaltsverzeichnis

Touristische Hinweise

Zum Gebrauch des Führers

Die in diesem Führer beschriebenen Wanderungen sind vier verschiedenen Regionen zugeordnet, deren jede in einem einleitenden Kapitel kurz hinsichtlich ihrer Charakteristik und ihres Einzugsgebietes vorgestellt wird; Übersichtskarten mit eingetragenen Tourennummern verschaffen an dieser Stelle einen ersten Überblick. Die technischen Eckdaten einer jeden Wanderung sind in einem Tourensteckbrief zusammengefaßt, um die Informationen sowohl zur Anfahrt als auch zu Charakter und Schwierigkeit der Tour übersichtlich zu gestalten und damit die Auswahl zu erleichtern. Außerdem wurde jedem Tourenvorschlag ein farbiges Freytag & Berndt-Wanderkärtchen im Maßstab 1:50 000 mit eingetragenem Routen- und Variantenverlauf beigegeben; diese Detailkärtchen erübrigen die Mitnahme weiteren Kartenmaterials. Um Überlappungen und allzu großflächige Karten zu vermeiden, wurde bisweilen auf die Darstellung des Ausgangspunktes verzichtet, falls dieser auf einer anderen Karte verzeichnet ist; entsprechende Querverweise erleichtern die Orientierung. Zwei weitere Kapitel fassen neben einigen Skitourenmöglichkeiten auch kombinierte Rad- und Bergtouren zusammen; eine abschließend vorgestellte, mehrtägige Durchquerung des Karwendel setzt sich teilweise aus einzelnen Tagestouren dieses Führers zusammen.

Die Herrenhäuser im Halltal beherbergen ein Salzbergbau-Museum (s. Tour 42).

Sonnenaufgang an der Laliderer Spitze oberhalb der Falkenhütte (s. Tour 25 und 26).

Anforderungen

Die meisten der in diesem Führer beschriebenen Routen bewegen sich, wenngleich gut markiert, in bereits recht alpinem Gelände und erfordern daher den berggewohnten Wanderer, der zumindest mit den nötigen Grundkenntnissen alpiner Gefahren vertraut sein sollte. Orientierungssinn, Trittsicherheit und in manchen Fällen Schwindelfreiheit sind deshalb bei nicht wenigen Touren erforderlich; die entsprechenden Hinweise im Beschreibungskopf sollten in jedem Falle beachtet werden. Bei höhergelegenen Wegen können bis in den Frühsommer hinein Altschneereste das Fortkommen erschweren. Zur besseren Einschätzung der anzutreffenden Schwierigkeiten sind die Tourenvorschläge mit farbigen Routennummern in drei Schwierigkeitsgrade unterteilt, welche sich folgendermaßen erklären:

Blau

Diese Wege sind überwiegend gut und lückenlos markiert, ausreichend breit und meist nur mäßig steil, daher auch bei Schlechtwetter relativ gefahrlos zu begehen. Diese Wege können auch von Kindern und älteren Leuten unter normalen Bedingungen ohne große Gefahr begangen werden.

Rot

Diese Steige sind ausreichend markiert, überwiegend aber schmal und über kurze Abschnitte bereits etwas ausgesetzt. Kurze Strecken dieser Steige können bereits mit Drahtseilen abgesichert sein und sollten daher nur von trittsicheren, mit entsprechender Ausrüstung ausgestatteten Bergwanderern begangen werden.

Schwarz

Diese Steige sind ebenfalls ausreichend markiert, aber schmal und über weite Abschnitte steil angelegt. Stellenweise können sie sehr ausgesetzt sein, manchmal wird die Zuhilfenahme der Hände notwendig. Dies bedeutet, daß diese Wege nur von absolut trittsicheren, konditionsstarken und alpin erfahrenen Wanderern angegangen werden sollten.

Gefahren

In aller Regel benutzen die hier beschriebenen Wanderungen zwar feste Wege und Steige oder ausreichend markierte Pfade, dennoch ist vornehmlich bei den Gipfelbesteigungen auf bevorstehende Wetterumschwünge zu achten. Hochsommerliche Gewitter ziehen oft mit ungeahnter Geschwindigkeit auf – diese Gefahr ist besonders auf den wenigen, hier vorgestellten Klettersteigen zu beachten – und können die Schwierigkeiten höhergelegener Wege durch starke Regen- oder Graupelschauer um ein Beträchtliches erhöhen. Darüber hinaus ist gerade beim Begehen frühsommerlicher Firnfelder besondere Vorsicht angesagt, da ein Sturz in steilem Gelände hierbei oft fatale Folgen hat. Um diese Gefahren zu reduzieren, sollten Sie vor einer Tour stets einen einschlägigen Wetterbericht zu Rate ziehen und bei Hüttenwirten oder Fremdenverkehrsämtern die aktuellen Verhältnisse erfragen.

Ausrüstung

Festes Schuhwerk, warme Bekleidung und Wetterschutz – Handschuhe und Mütze erhöhen das Gewicht des Rucksackes kaum – sollten als Selbstverständlichkeit angesehen werden, auch wenn mancher Bergfreund in Turnschuhen und Shorts durch den alpinen Freizeitpark wandelt. Außerdem gehören ein Erste-Hilfe-Päckchen und ausreichend Proviant in jeden Rucksack; besonders bei hochsommerlichen Touren sollte man genügend Flüssigkeit in Form von Tee oder isotonischen Durstlöschern mit sich führen. Teleskop-Skistöcke entlasten besonders bei längeren Abstiegen die Kniegelenke.

Die Sonntagkarspitze gehört zu den selten bestiegenen Hochgipfeln der Gleiersch-Hall-tal-Kette (s. Tour 49, kombinierte Rad- und Bergtouren).

Günstige Jahreszeit

Die Wandersaison im Karwendel beginnt in der Regel im Juni, dann öffnen auch die meisten der bewirtschafteten Hütten. Vorher können nur niedrig gelegene Touren in den Talschaften empfohlen werden, da große Altschnee-felder oftmals noch in Lagen unter 2000 m Höhe das Fortkommen erheblich erschweren. In der Hitze des Hochsommers weicht man am besten auf nordseitige und schattige Touren aus. Für gewöhnlich stellen sich erst im Herbst mit stabilen Schönwetterlagen und angenehmen Temperaturen ideale Wanderverhältnisse ein, allerdings muß man dann in Hochlagen bereits wieder mit dem ersten Schnee rechnen.

Gehzeiten

In den Tourensteckbriefen werden die Gehzeiten der einzelnen Etappen sowie die Gesamtdauer der Tour angegeben; diese sind zwar reichlich bemessen, beinhalten aber keine längeren Rastpausen. Im Einzelfall können diese Zeiten je nach Ausdauer und vorherrschenden Verhältnissen erheblich unter- oder überboten werden. Sie sollen auch keinesfalls als Richtwerte dienen, sondern nur ungefähre Anhaltspunkte vor allem zur Planung der Tour geben.

Einkehr- und Unterkunftsmöglichkeiten

Die zahlreichen gastronomischen Betriebe der Talorte werden hier gänzlich vernachlässigt; vielmehr fanden in den Tourensteckbriefen ausschließlich die am Wege liegenden und bewirtschafteten Schutzhütten, Jausenstationen und Almen Aufnahme, da nur sie bei der Planung und Ausführung einer Wanderung von Bedeutung sind. Da die exakten Bewirtschaftungszeiten alpiner Unterkünfte je nach Wetter- und Schneelage erfahrungsgemäß gewissen Schwankungen unterworfen sind, können nur die normalerweise gültigen Bewirtschaftungszeiten angegeben werden. In der Regel kann man jedoch davon ausgehen, daß die Alpenvereins-Schutzhütten von Juni bis Oktober geöffnet sind. In tiefer gelegenen Jausenstationen und Almen kann man oft schon zeitiger im Jahr einkehren. Genaue Auskünfte erteilen die zuständigen Fremdenverkehrsämter.

Wandern auf leisen Sohlen

Mit diesem Motto verbindet sich der dringende Wunsch, alpine Freizeitbeschäftigungen, welcher Art auch immer, nicht nur den eigenen, sondern in ganz besonderem Maße den Bedürfnissen der Natur anzupassen. Schon bei der bequemen Anreise mit öffentlichen Verkehrsmitteln können diesbezüglich Akzente gesetzt werden; sie gestaltet sich oft weniger aufwendig als zunächst angenommen, und auch der Weg vom Bahnhof zum Ausgangspunkt beläuft sich manchmal nur auf einen Bruchteil der Wanderung. In den einleitenden Kapiteln zu den jeweiligen Tourengebieten finden Sie entsprechende Hinweise zu günstigen Zug- und Busverbindungen insbesondere aus dem oberbayerischen Alpenvorland in das Karwendel.

Nicht ausschließlich, aber ganz besonders in den Bergen sollten Sie sich verpflichtet fühlen, jeden Ort so zu verlassen, wie Sie ihn vorzufinden wünschen. Alle Handlungen, welche das empfindliche Gleichgewicht der Natur stören, sollten tunlichst unterlassen werden; nur so wird das Naturparadies Karwendel auch in weiterer Zukunft als solches weiterbestehen können, in einem gesunden und konstruktiven Miteinander von Umweltschutz und Fremdenverkehr.

Die Moserkarscharten über dem Ursprung der Isar im Hinterautal.

Wandern im Karwendel

Das »urweltliche Gebirg'«

Mit einer Ausdehnung von annähernd 1000 qkm bildet das Karwendel einen wesentlichen Bestandteil der Nördlichen Kalkalpen. Begrenzt durch die Talschaften um Mittenwald und Seefeld im Westen sowie durch das Inntal zwischen Jenbach und Zirl im Süden dehnt es sich im Osten bis zum Achensee und im Norden bis hin zum Sylvenstein-Speicher aus.

Typisch für das Karwendel sind seine langen Bergketten, die sich in west-östlicher Richtung ohne markante Unterbrechungen von Seefeld/Scharnitz bis hinüber in das Inntal erstrecken. Der Charakter des Kettengebirges wird erst im nördlichen Bereich durch die Falken-, Gamsjoch- und Sonnjochgruppe durchbrochen. Während die Gipfelregionen nach Süden hin meist in breiten, schuttgefüllten Karen abfallen, bestimmen im Norden massive Wandabbrüche das Bild. Erst nördlich des Rißbaches, in den Vorbergen um Schafreuter und Montscheinspitze, werden die Gipfelformen sanfter und leichter erwanderbar. Jedoch auch an den Abhängen des Karwendel-Hauptkammes, der Inntaloder der Gleiersch-Halltal-Kette überzieht ein ausgedehntes und hervorragend gepflegtes Wegenetz mit zahlreichen Schutzhütten und Almwirtschaften große Teile des Gebirges. Der Charakter einer in sich geschlossenen Naturlandschaft, die nur in ihren Randgebieten durch die Narben verkehrstechnischer Erschließung verunziert wird, offenbart dem Besucher das unmittelbare, kontrastreiche Nebeneinander sanfter Almwiesen und wuchtiger Felsberge.

Da nur einige wenige Regionen durch Aufstiegshilfen erschlossen und das Innere des Gebirges dem öffentlichen Verkehr nicht zugänglich ist – mit Ausnahme der Eng –, sind viele der hier vorgestellten Wanderungen tagesfüllende Unternehmungen geblieben. Niedrig gelegene Ausgangspunkte und lange Täler machen das Karwendel darüber hinaus zu einem »urweltlichen«, anstrengenden Gebirge, das allerdings an Romantik und ursprünglicher Natur in den gesamten Nordalpen seinesgleichen sucht.

Rundtouren und Durchquerungen

Als besonders geeignet für mehrtägige Rundwanderungen und Gebirgsdurchquerungen erweist sich das Karwendel gerade deshalb, weil die umliegenden Talschaften durch öffentliche Verkehrsmittel bestens erschlossen sind. So erreicht man beispielsweise mit Bus und Bahn von München oder Innsbruck bei maximal einem Umsteige-Halt beinahe jeden Talort. Problemlos ist so die Rückkehr nach mehrtägigen Wanderungen an den Ausgangspunkt zu bewerkstelligen. Andererseits ermöglicht die in sich geschlossene Struktur des Karwendel tagelanges Wandern ohne auch nur einmal in ein verkehrsdurchflossenes Tal absteigen zu müssen.

Der Klassiker jener Vielzahl an Möglichkeiten dürfte wohl die dreitägige Durchquerung von Scharnitz über die Eng zum Achensee sein. Sie führt

Blick vom Hochunnütz über den Achensee auf die südöstlichen Karwendelgruppen zwischen Stanser Joch und Sonnjoch. Im Vordergrund Seekar- und Seebergspitze.

zunächst – etwas monoton, weil 5 Stunden lang eine Fahrstraße benützend – durch das Karwendeltal zum gleichnamigen Alpenvereinshaus. Hier wird man in aller Regel übernachten, um tags darauf ausgeruht die großartige Wanderung unter den berühmten Laliderer Wänden hindurch zur Falkenhütte genießen zu können (s. Tour 29). Dem anschließenden Abstieg über das Hohljoch zum Großen Ahornboden (s. Tour 25) folgt ein letzter Anstieg hinauf ins Westliche Lamsenjoch (s. Tour 23), jenseits dessen die Lamsenjochhütte schon bald als Etappenziel erreicht wird. Am letzten Tag dieser Durchquerung geht es stets abwärts, weit hinaus bis an die Ufer des Achensees. Anschließend sollten Sie von Pertisau mit der romantischen Achenseebahn hinunterfahren nach Jenbach im Inntal, um dort von der bummeligen Schmalspurbahn in einen Schnellzug umzusteigen, der Sie über Innsbruck nach Scharnitz oder gleich direkt nach München zurückbringt.
Der Tourenvorschlag 48 dieses Bandes stellt eine weitere großzügige, allerdings etwas längere Rundtour durch die schönsten Ecken der westlichen und südlichen Karwendelberge vor, deren etwas ungewöhnliche Routenführung abseits touristischer Trampelpfade meist Stille und Einsamkeit garantiert.

Flora und Fauna

Aus der auch andernorts weitverbreiteten alpinen Pflanzenvielfalt ist im Bereich des Karwendel besonders der reiche Ahornbestand namentlich im Großen und Kleinen Ahornboden sowie im Johannistal hervorzuheben. Gerade zur Zeit der herbstlichen Laubfärbung bezaubern die uralten Baumbestände vor den bereits erstmals wieder verschneiten Bergstöcken den Wanderer mit herrlichen Eindrücken. Obwohl jedoch diese prachtvollen, knorrigen Bäume Stürme und Unwetter von Jahrhunderten zäh überstanden, erkennt der über Jahre wiederkehrende Besucher an ihnen besonders deutlich die Auswirkungen eines verheerenden, wenngleich schleichend und langsam fortschreitenden Baumsterbens, dessen Ende längst noch nicht abzusehen ist. Ein optimistisch stimmenderes Beispiel »pflanzlicher Überlebenskunst« können Sie in der Nähe des Hallerangerhauses (siehe Tourenvorschläge 5, 42 und 43) bewundern. Etwa eine halbe Wegstunde von der Hütte entfernt strecken am Überschalljoch vor den mauerglatten Felswänden der Speckkarspitze durch Wind und Wetter verkrüppelte Zirben ihre knorrigen Äste in das Blau des Himmels. Beinahe unwirklich muten die saftig grünen Nadelbüschel an, die diesen zermürbten Holzleibern entsprießen.

Ebenso lebendig gestaltet sich die Artenvielfalt alpinen Getiers in den Talgründen der Karwendelberge. Neben den allerorts weithin verbreiteten Beständen an Rehen, Hirschen und Gemsen werden Sie auf Ihren Streifzügen sicherlich die eine oder andere »Rarität« zu Gesicht bekommen. So konnten besonders in den noch recht stillen Vorbergen das Auer- und Birkwild sowie das Rauhfußhuhn (wieder) heimisch werden. Von neugierigen »Safaris« allerdings sollten Sie absehen, da die kleinen Populationen recht empfindlich auf ungewohnte äußere Einflüsse reagieren.

In den höhergelegenen Bereichen des Hauptkammes wird man mit etwas Glück den Steinadler bei seinen lautlosen Kreisen beobachten können. Besonders in der Sonnjochgruppe trifft man nicht selten auf einen der Steinböcke, die dort in einer kleinen Population vor einigen Jahren erfolgreich angesiedelt werden konnten und heute fast schon mühelos beobachtet werden können.

Naturschutzgebiet »Karwendel«

Zur Erhaltung dieser einmaligen Naturlandschaft hat sicherlich die recht frühe Ausweisung weiter Teile zunächst tirolischen, dann bayerischen Karwendelgebirges zu einem Naturschutzgebiet beigetragen, das heute zum größten zusammenhängenden Naturschutzpark der Ostalpen angewachsen ist.

Über die andauernden und sicher fruchtbaren Auseinandersetzungen zwischen Naturschützern und Naturbenützern hinaus seien an dieser Stelle Sie als Wanderer um rücksichtsvolles Verhalten in der Natur gebeten. Dazu gehört in allererster Linie ein verantwortungsvoller Umgang mit der Tier- und Pflanzenwelt. Die alpine Flora und Fauna braucht Ruhe und Rückzugsmöglichkeiten; das Verlassen markierter Wege und Steige sollte daher in den allermei-

Am Gipfel des Sunntiger (s. Tour 5), im Hintergrund die Brantlspitze.

sten Fällen unterbleiben. Durch den Naturschutz geregelte Pflückverbote geschützter Pflanzen dürfen nicht zum wilden Abreißen allen anderen Gesträuchs führen; Blumen und Zweige schmücken die Natur viel intensiver und vor allem länger als die häusliche Stube.

Die Benutzung von Abkürzungen im steilen wie im flachen Wandergelände bringt nur in den seltensten Fällen eine entscheidende Zeitersparnis – und Zeit sollten Sie in den Bergen schon genug haben –, schadet aber der erosionsgeplagten Pflanzendecke immer. Bleiben Sie also auf den markierten oder angelegten Steigen und Wegen, bequemer ist das allemal. Und in diesem Falle dürfte es ausnahmsweise der bequeme Weg sein, auf dem wir auch unseren Kindern und Enkeln zu einem ungetrübten Naturgenuß verhelfen können.

Informationen und Adressen

Achenkirch: Sommers wie winters beliebter Ferienort, nördlich des Achensees gelegen. Busverbindungen von München, Tegernsee und Jenbach. Lokale Busverbindungen nach Steinberg am Guffert und zur Schiffsstation am Achensee. Talstation der Christlumbahnen. Schwimmbad.

Auskunft: Alpine Auskunftsstelle des Deutschen Alpenvereins, 80538 München, Praterinsel 5, Tel. 0 89 / 29 49 40. Alpine Auskunftsstelle des Österreichischen Alpenvereins, A–6020 Innsbruck, Wilhelm-Greil-Str. 15, Tel. 05 12 / 5 95 47. Tirol Informationsdienst, A–6020 Innsbruck, Wilhelm-Greil-Str. 17, Tel. 05 12 / 53 20–1 70, 1 71, 1 75.

Bademöglichkeiten: Hallen- und Freibäder in Achenkirch, Hall, Innsbruck, Maurach, Mittenwald, Pertisau, Reith, Schwaz, Seefeld. Badeseen: Achensee bei Maurach, Pertisau und Achenkirch, Barmsee bei Krün, Sachensee bei Wallgau, Wildsee bei Seefeld.

Bergrettungsdienst: Meldestellen in Gnadenwald, Hall, Hinterriß (Gasthaus Post), Innsbruck (Sillufer 3a), Jenbach (Hubertusstr. 3), Maurach (Haus Hubertus), Mittenwald (Prinz-Eugen-Str. 5–7), Pertisau (Post), Scharnitz (Haus Nr. 90), Schwaz (Bahnhofplatz 18), Seefeld (Haus-Nr. 34) sowie in beinahe allen bewirtschafteten Schutz- und Almhütten des Gebirges.

Fall: Kleine Siedlung südlich des Sylvensteinspeichers. Busverbindung von Lenggries und durch das Rißtal in die Eng. Ausgangspunkt zahlreicher Wanderungen in den nördlichen Vorbergen des Karwendel.

Gnadenwald: Aus verstreuten Weilern bestehende Gemeinde unterhalb des Bettelwurf. Sehenswürdigkeiten: Kirche von St. Michael (14. Jhdt.), Thierburg. Hübsche Spaziergänge in ruhiger Mittelgebirgslandschaft.

Hall: Am linken Innufer östlich von Innsbruck gelegener Ort. Autobahnanschluß, Schnellzugstation, gute Busverbindungen nach Innsbruck. Sehenswürdigkeiten: Hübsche Altstadt, Münzerturm, Magdalenenkapelle (15. Jhdt., gotisches Fresko), Rathaus, barocke Stiftskirche. Bergbaumuseum in den ehemaligen Herrenhäusern im Halltal (Mautstraße von Hall). Freibad.

Hinterriß: Kleine Siedlung, zwischen der Nördlichen Karwendelkette und den Vorbergen um den Schafreuter gelegen. Busverbindungen von Lenggries und Wallgau. Einzige den Winter über bewohnte Siedlung im Innern des Karwendel. Stiller Ferienort für Landschafts- und Naturliebhaber. Ausgangspunkt zahlreicher Wanderungen und Bergtouren.

Innsbruck: Tiroler Landeshauptstadt und Knotenpunkt zahlreicher Verkehrsverbindungen. Aus dem oberbayerischen Raum am günstigsten über Garmisch-Partenkirchen und Mittenwald oder über die Inntal-Autobahn zu erreichen. Günstige Eisenbahnverbindungen in alle Richtungen. Sehenswürdigkeiten: Patrizierhäuser (Helbinghaus, Gasthaus Goldener Adler) in der Altstadt, Goldenes Dachl, Stadtturm, Tiroler Volkskunstmuseum, Hofkirche (»Schwarze Mander«), Hofburg, Dom (Madonnenbild von

Blick vom Juifen über Achenkirch hinweg zum Guffert.

Lukas Cranach d.Ä.). Mehrere Schwimmbäder, sämtliche Sportanlagen für Sommer- und Wintersport. Talstation der Nordkettenbahn zur Seegrube und zum Hafelekar auf dem Plateau der Hungerburg.

Jenbach: Verkehrsknotenpunkt zwischen Achensee, Zillertal und Inntal. Schnellzugstation der Linie München – Rosenheim – Innsbruck. Start- und Endbahnhof der romantischen Schmalspurbahnen zum Achensee und ins Zillertal. Busverbindung über den Achenpaß zum Tegernsee und nach München. Wenig sehenswertes Ortsbild. Schwimmbad.

Karwendelbahn: Eisenbahnverbindung mit teilweise atemberaubender Trassenführung zwischen Innsbruck und Mittenwald. Wichtige Haltestellen: Innsbruck – Hochzirl – Seefeld – Gießenbach – Scharnitz – Mittenwald.

Krün: Kleine Ortschaft an der Straße Mittenwald – Kochel – München. Busverbindung nach Mittenwald und Garmisch. Bademöglichkeit am Barmsee. Wandermöglichkeiten in der Soierngruppe und im Estergebirge.

Lift- und Seilbahnanlagen: In Achenkirch Christlumbahnen, in Innsbruck Nordkettenbahn zur Seegrube und weiter auf das Hafelekar, in Mittenwald Seilbahn zur Westlichen Karwendelspitze (Dammkar), in Pertisau Seilbahn (Karwendelbahn) auf den Zwölferkopf, in Seefeld Seil- und Zahnradbahnen auf den Gschwandt- und Harmelerkopf, zur Roßhütte und zum Seefelder Jöchl.

Maurach: Gegenüber Pertisau am Achensee gelegener Fremdenverkehrsort. Seilbahn zur Erfurter Hütte im Rofan. Strandbad am Achensee.

Mittenwald: Einer der beliebtesten Sommerferienorte im bayerischen Oberland, bekannt durch die hier ansässige Tradition der Geigenbaukunst seit dem 17. Jhdt. Von München über Garmisch-Partenkirchen oder Kochel ebenso günstig zu erreichen wie von Innsbruck über Seefeld; Schnellzugverbindungen; Karwendelbahn nach Innsbruck. Sehenswürdigkeiten: Geigenbaumuseum, Pfarrkirche, malerisches Ortsbild. Talstation der Seilbahn unter die Westliche Karwendelspitze sowie der Liftanlagen auf den Kranzberg. Schwimmbad, weitere Bademöglichkeit am Barmsee.

Pertisau: Am Südwestufer des Achensees am Eingang in die Karwendeltäler (Gern- und Falzthurntal) gelegener Fremdenverkehrsort. Dampfschiffstation und Endpunkt der romantischen Achenseebahn. Talstation der Gondelbahnen (Karwendelbahn) zum Zwölferkopf. Bademöglichkeiten am See, beliebtes Surfrevier. Golfplatz. Zahlreiche gemütliche Wander- und Spaziermöglichkeiten in den Karwendeltälern.

Reith: Sonniger Fremdenverkehrsort in aussichtsreicher Lage hoch über dem Inntal gelegen. Station der Karwendelbahn. Schwimmbad.

Scharnitz: Südlich von Mittenwald an der Mündung von Karwendel-, Hinterau- und Gleierschtal gelegen. Eisenbahnstation der Linie München – Garmisch-Partenkirchen – Innsbruck. Ausgangspunkt zahlreicher Wanderungen und Durchquerungen. Verschiedene Sportmöglichkeiten.

Schwaz: Alte Silberbergbau-Stadt östlich des Inn. Autobahnanschluß und günstige Bahnverbindungen vor allem nach Innsbruck. Sehenswürdigkeiten: Burg Freundsberg, Fuggerhaus, gotische Kirche, Heimatmuseum, Michaeliskapelle, Silbermine. Schwimmbad.

Seefeld: Traditioneller Wintersport- und Sommerferienort. Schnellzugstation der Linie München – Garmisch-Partenkirchen – Innsbruck. Sehenswürdigkeiten: Gotische Pfarrkirche (15. Jhdt.), Seekirchlein (1628) am Weg nach Mösern. Hallen- und Freibad, Strandbad am Wildsee. Vielfältige Sporteinrichtungen für Sommer- und Wintersport. Seil- und Zahnradbahnen zum Gschwandt- und Harmelerkopf, zur Roßhütte und zum Seefelder Jöchl.

Sport: Tennisplätze in Seefeld, Innsbruck, Hall, Schwaz, Jenbach, Pertisau, Maurach, Achenkirch, Mittenwald und Scharnitz. Golfplatz in Pertisau. Drachen- und Gleitschirmflüge sind im Bereich des gesamten Naturschutzgebiets Karwendel untersagt. Nähere Auskünfte erteilen die Alpenvereine.

Telefon: Da sich die Rufnummern einzelner Anschlüsse derzeit oftmals ändern, wurde auf die Angabe von Telefonnummern verzichtet. Einzige Ausnahme bilden die Auskunftsstellen der Tirol Information sowie des Deutschen und Österreichischen Alpenvereins (s. Auskunft). Vorwahl aus Österreich für Deutschland 06, aus Deutschland für Österreich 0043.

Erster Schnee an der Rumer Spitze, einem wuchtigen Gipfel über der Pfeishütte.

Vorderriß: Kleine Ortschaft an der Einmündung des Rißbaches in die Isar. Busverbindung mit Lenggries und Wallgau.

Wallgau: Hübscher Sommerferienort zwischen Mittenwald und Walchensee. Schöne Wandermöglichkeiten in der Soierngruppe und im Estergebirge. Bademöglichkeiten am Sachen- und Walchensee.

Zirl: Verkehrstechnisch günstig (wenngleich etwas unangenehm) zwischen der Inntalautobahn und der Zirler-Berg-Straße gelegen. Jedoch zahlreiche Sehenswürdigkeiten in der Nähe des Ortes: Kalvarienkirchlein und Einsiedelei über der Ehnbachklamm, Schloßruine Fragenstein, Jagdschloß des Kaisers Maximilian auf dem Martinsbühel, Schnitzereien in der Martinswandgrotte (Klettersteig).

Tourenbereich Mittenwald – Scharnitz – Seefeld

Die Fremdenverkehrsorte Mittenwald, Scharnitz und Seefeld markieren den westlichen Einzugsbereich der Karwendelberge und trennen das »urweltliche Gebirg'« von den wilden Kletterzinnen des Wettersteinmassivs. Bereits eine Fahrt vom Walchensee im Norden bis in die tiefe Furche des Inntals im Süden offenbart die unterschiedlichsten landschaftlichen Charaktere. Während die kleinen Ortschaften Krün und Wallgau noch eingebettet liegen in das weite Tal zwischen den sanften Bergzügen des Estergebirges und der Soierngruppe, rücken nach Süden hin, um Mittenwald, die steilen Berghänge immer näher zusammen, um schließlich in den engen, beinahe bedrohlich anmutenden Durchschlupf der Porta Claudia zu münden. Gleich danach gelangen wir in das vor der mächtigen Bergkulisse von Hohem Gleiersch und Pleisenspitze gelegene Scharnitz, wo die Berglehnen allmählich schon wieder etwas zurückweichen. Den sonnigen, freundlichen Charakter verliert das Tal nun nicht mehr; sanft ansteigend erreichen wir das Seefelder Plateau und damit die südwestlichsten Ausläufer der Karwendelberge.

Landschaftlicher Reiz und hervorragende Anbindungen an Nah- und Fernverkehr ziehen die Touristenströme magnetengleich in diese Region. Einsamkeit also können wir uns zumindest während der gängigen Ferienzeiten nicht erwarten. Zu sehr ist das gesamte Tal zwischen Seefeld und Krün für den Massentourismus erschlossen, was sich allein schon an den zahlreichen Liftanlagen zeigt. Nirgendwo sonst wurden die Berge des Karwendel derart verdrahtet wie hier im Westen, nirgendwo sonst im Karwendel hat aber auch der Gelegenheitswanderer die Möglichkeit ohne große Mühen höhere Gipfel zu erwandern oder zu umrunden. Zentral gelegen ist Scharnitz der für Wanderer und Bergsteiger günstigste Ausgangspunkt, um das Karwendel näher kennenzulernen. Zudem münden hier mit dem Gleiersch-, Hinterau- und Karwendeltal die drei bedeutendsten Querfurchen des Gebirges; ein Taxidienst verkehrt täglich in das Hinterautal und einmal wöchentlich hinauf zum Karwendelhaus, so daß dadurch weit entfernte Ziele leicht erreichbar werden. Einige kleinere Badeseen in der Umgebung von Seefeld, Krün und Mittenwald sowie der Walchensee etwas außerhalb des Führergebietes bieten die wohlverdiente Abkühlung nach so mancher schweißtreibenden Wanderung. Darüber hinaus hat dieses alte Kulturland natürlich auch einiges an Sehenswürdigkeiten zu bieten, so zum Beispiel Seefelds gotische Kirche aus dem 15. Jahrhundert oder das kleine Seekircherl am Fußweg nach Mösern. Besonders erwähnenswert ist in diesem Zusammenhang natürlich das malerische Ortsbild von Mittenwald, jenes geschäftigen Handelsmarktes venezianischer Kaufleute aus dem 15. – 17. Jahrhundert, der allerdings erst nach seiner damaligen Blütezeit durch den Geigenbau weltweiten Bekanntheitsgrad erlangte.

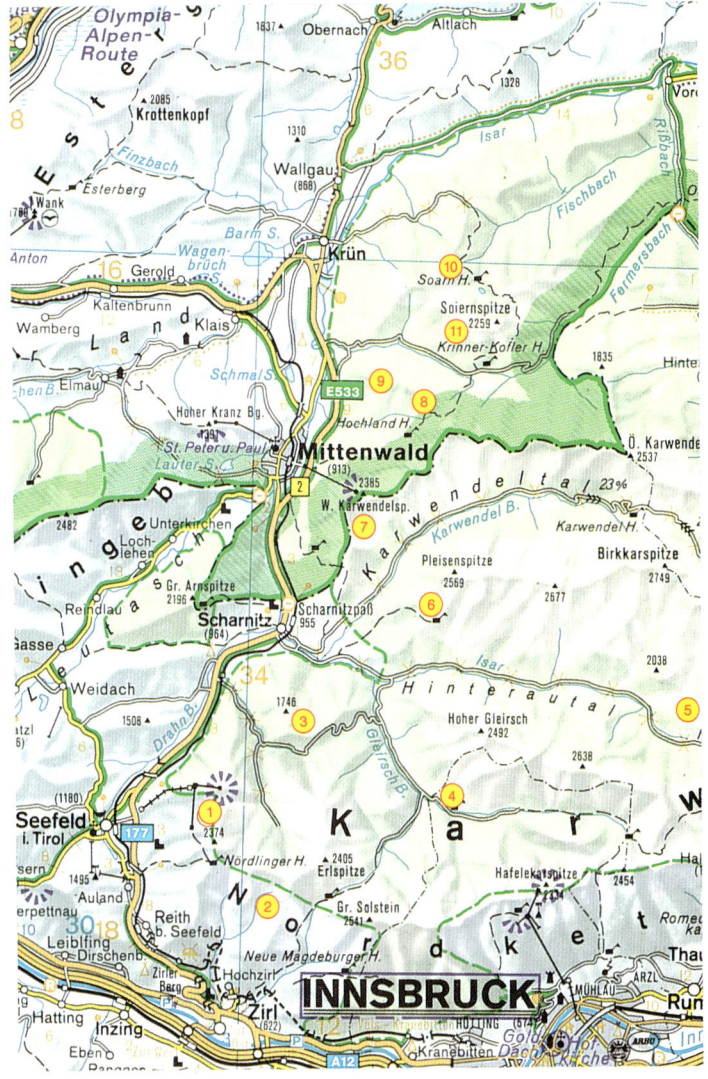

1 Reither Spitze, 2373 m

»Wandern bergab« hinunter ins Seefelder Becken

Bergstation Harmelerkopf – Nördlinger Hütte – Reither Spitze – Seefelder Joch – Seefeld

Talort: Seefeld, 1075 m, beliebter Ferienort, Schnellzugstation an der Linie Innsbruck – München.

Ausgangspunkt: Bergstation der Harmelerkopf-Seilbahn, 2034 m, die von Seefeld über die Standseilbahn zur Roßhütte zu erreichen ist. Erste Fahrt 9 Uhr, Sa + So 8.30 Uhr.

Gehzeiten: Harmelerkopf – Nördlinger Hütte 1 Std., Nördlinger Hütte – Reither Spitze ½ Std., Reither Spitze – Seefelder Joch 1 Std., Seefelder Joch – Seefeld

2 Std., insgesamt 4½ – 5 Std.

Höhenunterschied: 1200 m im Abstieg, 350 m im Aufstieg.

Anforderungen: Besonders im Gipfelbereich steile Gras- und Schrofenhänge, die Trittsicherheit erfordern.

Einkehr und Unterkunft: Nördlinger Hütte, 2238 m, bewirtschaftet von Juni bis Oktober.

Variante: Abstieg aus dem Reither Kar über die Reither Jochalm nach Seefeld, insgesamt kürzer, 4 Std.

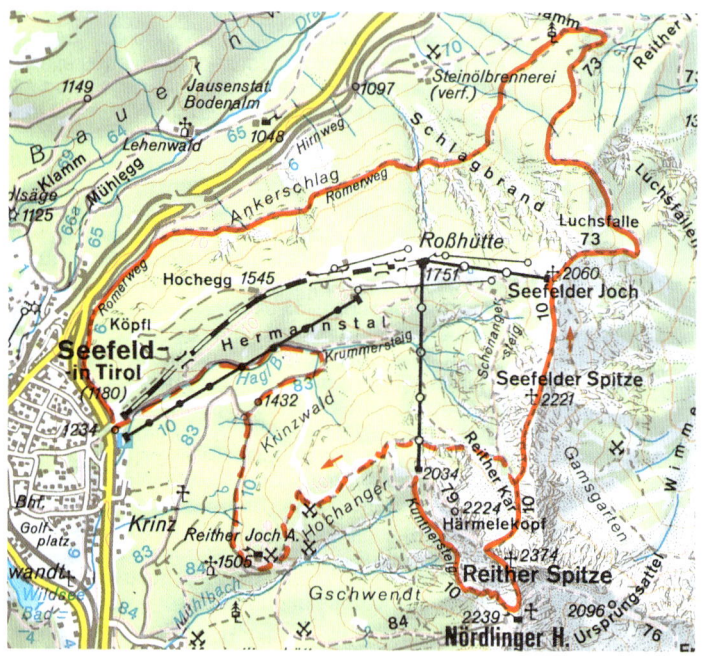

Die Nördlinger Hütte vor den Südhängen der Reither Spitze.

Von der Seilbahnstation unterhalb des Harmelerkopfes queren wir steile SW-Hänge hinüber zur **Nördlinger Hütte**, um durch die kurze Südflanke auf die **Reither Spitze**, eine hervorragende Aussichtswarte, zu steigen.

Beim Abstieg über den steilen NW-Kamm (eine Stelle versichert) hinab ins Reither Kar ist dann Trittsicherheit und sorgfältiges Gehen angesagt. Auch der Gegenansteig zur Seefelder Spitze, 2220 m, sowie der anschließende Abstieg zum **Seefelder Joch**, 2064 m, führt zwar durchwegs auf gut markierten Wegen, aber dennoch in steilem Gras- und Schrofengelände.

An der Bergstation der Seilbahn angelangt wenden wir uns nach O und später nach N und erreichen so auf schwach bezeichnetem Steig den markierten Weg Nr. 34 aus dem Eppzirltal. Diesen nur kurz nach W verfolgend biegen wir schon bald wieder links ab und queren die Hänge auf einem Steig bis zu einem markanten Bachgraben. Auf dem nunmehr gut markierten Weg gelangen wir, zuletzt leider in unmittelbarer Nähe der Bundesstraße, zurück nach **Seefeld**.

2 Freiungen-Höhenweg

»Beinahe-Klettersteig« hoch über dem Inntal

Harmelerkopf – Nördlinger Hütte – Freiungen-Höhenweg – Hochzirl

Rast im Ursprungsattel mit Blick auf die Pleisenspitze.

Talort: Seefeld, 1075 m.
Ausgangspunkt: Bergstation der Harmelerkopf-Seilbahn, 2034 m, die von Seefeld über die Standseilbahn zur Roßhütte zu erreichen ist. Erste Fahrt 9.00 Uhr, Sa + So 8.30 Uhr. Siehe auch Kärtchen Tour 1.
Gehzeiten: Harmelerkopf – Nördlinger Hütte 1 Std., Freiungen-Höhenweg – Solsteinhaus 3½ Std., Solsteinhaus – Hoch-

zirl 2 Std., insgesamt 6½ – 7 Std.
Höhenunterschied: Etwa 500 m im Auf- und 1800 m im Abstieg.
Anforderungen: Stellenweise versicherter Höhenweg mit Klettersteig-Charakter; Trittsicherheit und Schwindelfreiheit erforderlich, bei Nässe sehr unangenehm.
Einkehr und Unterkunft: Nördlinger Hütte und Solsteinhaus, bew. Juni - Oktober.

Vom Harmelerkopf wandern wir über den Kuntersteig zur **Nördlinger Hütte**, wo der gut markierte **Freiungen-Höhenweg** hinüber zum Solsteinhaus beginnt. Er führt uns um die Reither Spitze herum in den Ursprungsattel, weiter östl. in die »Gruben« und auf einen Rücken, von dem aus der weitere Verlauf unseres Genußsteiges sichtbar wird: Knapp unterhalb der Freiungspitzen geht es hinüber in die Kuhljochscharte (Gedenktafel) und weiter auf den Rücken des Kreuzjöchls, auf dem wir uns nach Süden wenden. Bald darauf zweigt ein schwach markierter Steig östl. ab, der den Hüttenzugang zum **Solsteinhaus** oberhalb der Solealm erreicht. Nun entweder in etwa ¾ Std. zur Hütte aufsteigen oder gleich talwärts hinaus nach **Hochzirl** (etwa 1½ Std.).

3 Scharnitzer Zunterkopf, 1661 m

Durch Klammen, Gräben und Wälder

Scharnitz – Zunterkopf – Oberbrunnalm – Scharnitzer Alm – Scharnitz

Talort: Scharnitz, 964 m.
Ausgangspunkt: Ortsteil Eisack an der Ausmündung des Hinterautales, günstige Parkmöglichkeit an einem kleinen Lift.
Gehzeiten: Scharnitz-Eisack – Zunterkopf 2½ Std., Zunterkopf – Oberbrunnalm ½ Std., Oberbrunnalm – Scharnitz 1½ – 2 Std., insgesamt 4½ – 5 Std.
Höhenunterschied: 700 m.
Anforderungen: Leichte Wanderung mit Voralpen-Charakter, teilweise mager be-

zeichnet. Keine Einkehrmöglichkeit.
Variante: Vom Zunterkopf erst weglos über die unbedeutenden Erhebungen der Kreideköpfe. Danach Richtung NW, später auf markiertem Steig südlich um den Zäunlkopf herum und zur Bergstation des kleinen Liftes an der Sportalm Mühlberg, 1358 m. Auf markiertem Fahr- und später Wanderweg hinab auf die freien Wiesen südlich von Scharnitz. Kaum länger als der Weg über die Oberbrunnalm.

Im Ortsteil **Scharnitz-Eisack** am rechtsseitigen Isarufer zweigt noch vor der Brücke über die Isar rechts der markierte, gleichnamige Steig ins Hinterautal ab. Diesem folgen wir nur kurz bis zu einer Weggabelung, an der wir erneut rechts in den Hochwald abbiegen. Nach der Querung zweier Klammen – die zweite ist die markante Teufelslochklamm – umrunden wir einen Rücken hinein in den Vorderen Kreidegraben. Ihn verfolgen wir kurz nach Süden, um schon bald linkshaltend in kurzen Serpentinen zum Nordrücken des Zunter-

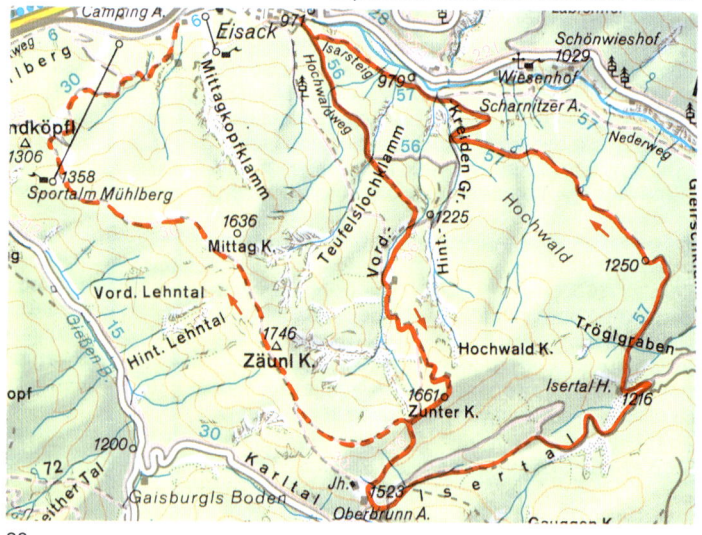

Im Naturschutzgebiet Karwendel konnte auch der Steinbock wieder heimisch werden.

kopfes aufzusteigen. Am Ende der Serpentinen zweigen vom markierten Weg links Pfadspuren ab, die uns, vorbei an einer Jagdhütte, auf den unscheinbaren **Zunterkopf** leiten. Hier stehen wir sicherlich auf einem der einsamsten wanderbaren Gipfel der Gegend, hoch über der jungen Isar. Im nahen Umkreis nehmen drei markante Karwendelketten ihren Ausgang: Im Norden beginnt an der nahen Brunnsteinspitze die mächtige Nördliche Karwendelkette, im Nordosten beginnt an der Pleisenspitze die über 40 km lange Hinterautal-Vomper-Kette und im Osten signalisiert die schaufelförmige Gestalt des Hohen Gleiersch den Anfang der Gleiersch-Halltal-Kette.

Vom Gipfel steigen wir in südwestlicher Richtung zunächst über Pfadspuren ab, treffen aber bald wieder auf den markierten Steig, der uns zur **Oberbrunn-alm** hinabführt. Ab hier hat es mit der Wegsuche ein Ende, denn bequem können wir auf einem Wirtschaftsweg östl. ins Iserbachtal absteigen. Bevor der Weg über dem Tal um einen Rücken herum ins Gleierschtal führt, kehren wir scharf links zur Isertalhütte zurück. Zunächst in nördl., später in nordwestl. Richtung wandern wir auf einem markierten Weg rund um den gesamten Stock des Zunter- und Hochwaldkopfes zurück bis in den Hinteren Kreidegraben und in zwei Kehren hinab zur **Scharnitzer Alm** und zum Isarsteig, der uns am orographisch linken Isarufer zurück nach **Scharnitz** bringt.

4 Möslalm, 1262 m

»Bachwanderung« längs Isar und Gleierschbach

Scharnitz – Scharnitzer Alm – Gleierschtal – Möslalm – Scharnitz

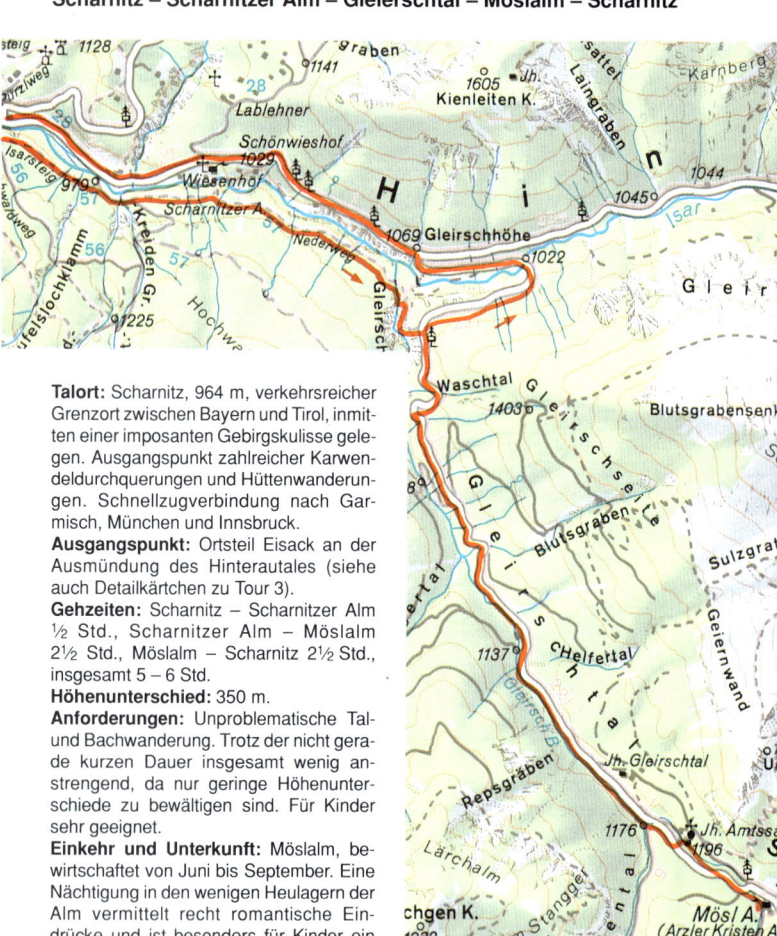

Talort: Scharnitz, 964 m, verkehrsreicher Grenzort zwischen Bayern und Tirol, inmitten einer imposanten Gebirgskulisse gelegen. Ausgangspunkt zahlreicher Karwendeldurchquerungen und Hüttenwanderungen. Schnellzugverbindung nach Garmisch, München und Innsbruck.

Ausgangspunkt: Ortsteil Eisack an der Ausmündung des Hinterautales (siehe auch Detailkärtchen zu Tour 3).

Gehzeiten: Scharnitz – Scharnitzer Alm ½ Std., Scharnitzer Alm – Möslalm 2½ Std., Möslalm – Scharnitz 2½ Std., insgesamt 5 – 6 Std.

Höhenunterschied: 350 m.

Anforderungen: Unproblematische Tal- und Bachwanderung. Trotz der nicht gerade kurzen Dauer insgesamt wenig anstrengend, da nur geringe Höhenunterschiede zu bewältigen sind. Für Kinder sehr geeignet.

Einkehr und Unterkunft: Möslalm, bewirtschaftet von Juni bis September. Eine Nächtigung in den wenigen Heulagern der Alm vermittelt recht romantische Eindrücke und ist besonders für Kinder ein herrliches Erlebnis.

Die junge und noch grüne Isar am Ausgang des Hinterautales.

Im Ortsteil **Scharnitz-Eisack** am rechtsseitigen Isarufer zweigt noch vor der Brücke über die Isar rechts der markierte, gleichnamige Steig ins Hinterautal ab. Wesentlich abwechslungsreicher als auf der jenseitigen Fahrstraße wandern wir also am rechten Ufer talein und gelangen schon bald zur **Scharnitzer Alm**. Der Weg verläuft nun nicht mehr in unmittelbarer Nähe des Bachbettes, sondern etwas weiter oben am Hang. Nach etwa 1 Std. erhält die Isar Verstärkung von dem wild durch eine Klamm tosenden Gleierschbach, den wir auf einem schmalen Steg überqueren. Jenseits kurz rechtshaltend hinauf zur Fahrstraße ins **Gleierschtal**, über die wir talein marschieren. Kurz nachdem die Straße den Gleierschbach überquert hat, verlassen wir sie nach links, um vorbei am Jagdhaus Amtssäge zur romantisch gelegenen **Mösslalm** zu gelangen. Der Rückweg hält sich stets an die Wirtschaftswege durch das Gleiersch- und Hinterautal hinaus nach **Scharnitz** und ist nicht zu verfehlen.

5 Sunntigerspitze, 2322 m

»Run and Bike«: Mit dem Radl zu einem herrlichen Aussichtsberg

Jagdhaus Kasten – Hallerangeralm – Sunntigerspitze

Talort: Scharnitz, 964 m.
Ausgangspunkt: Jagdhaus Kasten im Hinterautal, 1220 m, erreichbar von Scharnitz durch das Hinterautal mit dem Fahrrad oder durch einen Taxidienst (Auskünfte: Taxi Mair, Tel. 05213 / 5363).
Gehzeiten: Kasten – Hallerangeralm 2 Std., Hallerangeralm – Sunntigerspitze 1½ Std., Sunntigerspitze – Hallerangeralm 1 Std., Hallerangeralm – Kasten

1½ Std., insgesamt etwa 6 Std.
Höhenunterschied: 1100 m.
Anforderungen: Bis zur Hallerangeralm Fahrweg, danach ausreichend markierter Bergweg. Falls man nach der Tour noch durch das gesamte Hinterautal nach Scharnitz hinauswandern muß oder will, lang und anstrengend.
Einkehr und Unterkunft: Hallerangeralm und Hallerangerhaus, bew. Juni - Oktober.

Mitten im Karwendel, weitab von Straßen und Liften gelegen, ist der Sunntiger doch als Tagestour erreichbar, als eine Kombination von Rad- und Bergtour. Obgleich wir zu diesem Unterfangen kein hochtechnisiertes »Mountainbikel« benötigen, sollten wir die Anfahrt in Scharnitz doch mit einem halbwegs stabilen Drahtesel unter die Pedale nehmen. Entlang der Isar strampeln wir in etwa 1 Std. durch das Hinterautal zu unserem Ausgangspunkt, der **Kastenalm**. Wem übrigens die Anfahrt mit dem Radl zu strapaziös ist, der kann sich von einem Scharnitzer Taxidienst zur Kastenalm chauffieren lassen.
Kurz vor der Alm beginnt ein holpriger Karrenweg (Bez. 224), auf dem wir den Lafatscherbach überqueren. Zunächst in den Nordhängen des Gumpenkopfes durchzieht der Weg zwei auffallende Gräben, um im Anschluß wieder den Talboden mit dem Lafatscherbach zu erreichen. Jenseits gelangen wir schon bald auf die freien Almhänge des Lafatscher Niederlegers, an dem vorbei wir

Das sehenswerte Melzer-Denkmal am Aufstieg zur Sunntigerspitze

dem Talverlauf folgend zur Kohleralm marschieren. Hier zweigt links, noch einmal den Lafatscherbach überquerend, der Weg zur **Hallerangeralm** ab.
Gleich hinter der Alm zieht nun ein schwach markierter, wenngleich gut erkennbarer Pfad die steilen Südhänge hinauf – bei sommerlichen Temperaturen eine schweißtreibende Angelegenheit. Bei einer gefaßten Quelle holen wir weit nach Westen aus; erst bei Erreichen des sehenswerten Melzerdenkmals endet diese ansteigenden Querung. Nun mühen wir uns in steilen Serpentinen hinauf zum Westgrat des **Sunntiger**, auf dessen Südseite der Gipfel allerdings rasch und problemlos zu erreichen ist.
Der Abstieg erfolgt bis zum Radl am Anstiegsweg; danach geht es in rasanter Fahrt hinaus nach **Scharnitz**, wobei allerdings kurz vor der Einmündung des Gleierschtales noch eine mühsame Steigung zu bewältigen ist.

6 Pleisenhütte, 1757 m

Zum »Pleisen-Toni« und seiner Hütte

Scharnitz – Pürzlkapelle – Karwendeltal – Karwendelsteg – Pleisenhütte – Hinterautal – Scharnitz

Talort: Scharnitz, 964 m, verkehrsreicher Grenzort zwischen Bayern und Tirol, inmitten einer imposanten Gebirgskulisse gelegen. Ausgangspunkt zahlreicher Karwendeldurchquerungen und Hüttenwanderungen. Schnellzugverbindung nach Garmisch, München und Innsbruck. Günstige Parkmöglichkeiten in der Nähe des Bahnhofes.
Gehzeiten: Scharnitz – Pürzlkapelle ½ Std., Pürzlkapelle – Pleisenhütte 2½ Std., Pleisenhütte – Hinterautal –

Scharnitz 2 Std., insgesamt etwa 5 Std.
Höhenunterschied: 840 m.
Anforderung: Unschwierige Wanderung auf gut markierten Wegen.
Variante: Konditionsstarke Wanderer sollten an den Hüttenzustieg unbedingt den Aufstieg zur Pleisenspitze hängen. Mühsam, aber gut markiert durch das Vorderkar und über den Hinteren Pleisengrat, 2½ Std. Auf- und 1½ Std. Abstieg; von Scharnitz aus also eine tagesfüllende Unternehmung von 8 – 9 Std. Dauer.

Vom **Bahnhof Scharnitz** folgen wir kurz der Hauptstraße nach Süden, um jedoch schon vor der Isarbrücke links zum Ortsteil Inrain abzubiegen. Kurz nach der Bahnüberführung erneut links auf einen schmalen Pfad, der zunächst steil ansteigend, dann in sanfter Querung hinüberführt ins Pürzlries. Dort treffen wir auf einen breiten Wanderweg, über den wir schon bald die **Pürzlkapelle** erreichen. Beinahe eben geht es nun zunächst auf einem Fußweg und in der Folge auf dem breiten Fahrweg zum Karwendelhaus hinein ins gleichnamige Tal. Nach etwa 20 Min. ab Erreichen des Fahrweges führt rechts ein schmaler Steig zum **Karwendelsteg** über die »Schieche Klamm« hinab. Auf diese Weise überschreiten wir den Karwendelbach und steigen jenseits durch den Hochwald zum Wasserlegraben auf, den wir in einer Rechtsschleife auf schmalem Steig überqueren. Nun knapp südlich des Gra-

![Rechts im Bild die Pleisenspitze, lohnende Zugabe von der gleichnamigen Hütte.](photo)

Rechts im Bild die Pleisenspitze, lohnende Zugabe von der gleichnamigen Hütte.

bens ansteigend zu einem Fahrweg, auf dem wir nochmals den Bach überschreiten, um anschließend in einer weiten Linksquerung und mehreren
kürzeren oder längeren Serpentinen rasch deutlich an Höhe zu gewinnen. Zu
guter Letzt erreichen wir mit einer ansteigenden Querung in südöstlicher
Richtung die hoch über dem Hinterautal gelegene **Pleisenhütte**. Der Schar-

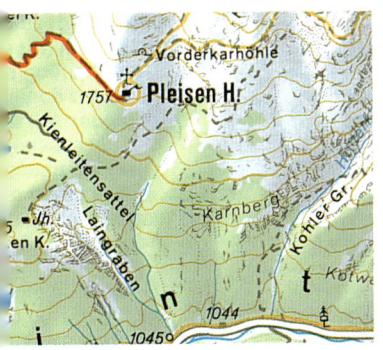

nitzer Bergführer Anton Gaugg hatte
die Hütte 1953, zu Zeiten, da das
Karwendel noch kein Naturschutzgebiet war, in Eigenregie erbaut und
betreut sie seit nunmehr 40 Jahren in
liebevoller und weithin bekannter,
humoristischer Art.

Beim Abstieg halten wir uns nach
dem Wasserlegraben geradewegs
über die freien Wiesen der »Räut«
hinunter ins **Hinterautal**. Auf dem
Fahrweg entlang der Isar wandern
wir zum Abschluß gemütlich hinaus
nach **Scharnitz**.

7 Mittenwalder Höhenweg

Luftiger Klettersteig an Leitern und Drahtseilen

Bergstation Karwendelbahn – Mittenwalder Höhenweg – Tiroler Hütte – Mittenwald

Talort: Mittenwald, 912 m, an der Bahnlinie München – Garmisch-Partenkirchen – Innsbruck gelegen; malerisches Ortsbild, zahlreiche Sport- und Freizeitmöglichkeiten. Parkmöglichkeit an der Talstation der Karwendelbahn.

Ausgangspunkt: Bergstation der Mittenwalder Karwendelbahn, 2243 m.

Gehzeiten: Seilbahnstation – Westliche Karwendelspitze ½ Std., Mittenwalder Höhenweg – Tiroler Hütte 2½ Std., Tiroler Hütte – Brunnsteinhütte ½ Std., Brunnsteinhütte – Mittenwald 2 Std., insgesamt 6 – 7 Std.

Höhenunterschiede: Etwa 350 m Auf- und Abstiege am Höhenweg, von der Tiroler Hütte nach Mittenwald 1200 m Abstieg.

Anforderungen: Anspruchsvolle Kammwanderung mit einigen Kraxeleien an gut versicherter Weganlage. Klettersteigausrüstung (Helm, Anseilgurt, Reepschnurschlingen und Karabiner) unumgänglich, Trittsicherheit und Schwindelfreiheit unbedingt notwendig. Keinesfalls bei Gewitterneigung begehen.

Einkehr und Unterkunft: Tiroler Hütte, 2100 m, am Ende des Klettersteiges; im Sommer unregelmäßig bew. (Getränke). Brunnsteinhütte, bew. Mai bis Oktober.

Variante: Am Gatterl zwischen Nördlicher und Mittlerer Linderspitze Abzweigung des Heinrich-Noe-Weges zur Brunnsteinhütte. Ebenfalls mit Klettersteig-Charakter, jedoch insgesamt kürzer (5 Std.).

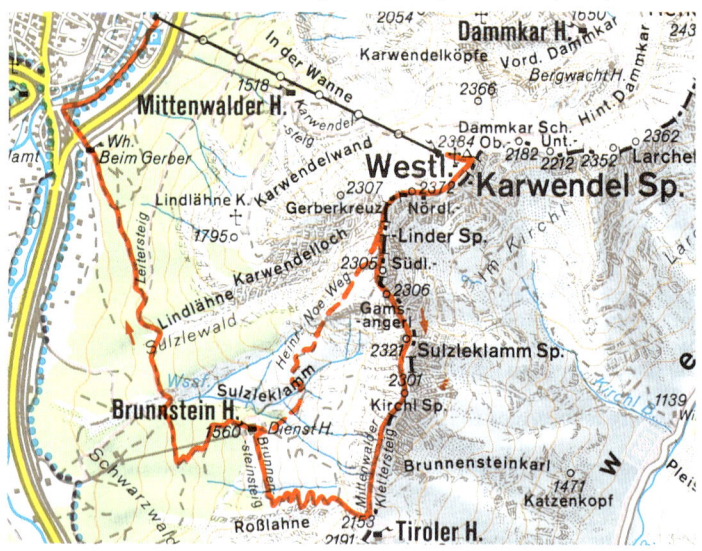

Am Beginn des Mittenwalder Höhenweges: Noch sieht alles recht einfach aus ...

Eines sei an dieser Stelle vorausgeschickt: Der Mittenwalder Höhenweg, obgleich bestens versichert, hervorragend markiert und weithin bekannt, ist nichts für Gelegenheitswanderer und Bergunerfahrene. Obwohl er als »leichter« Klettersteig gehandelt wird, verlangt er dennoch unbedingte Trittsicherheit und Schwindelfreiheit. Zudem verläuft die Weganlage stets in etwa 2300 m Höhe und ist bei sommerlicher Gewitterneigung wegen der ganz erheblichen Blitzschlaggefahr unbedingt zu meiden. Dem alpin erfahrenen Begeher jedoch – ausgerüstet mit der üblichen Klettersteigausrüstung – vermittelt dieser Höhenweg die herrlichsten Fernblicke in die Stubaier Alpen und das Wetterstein und faszinierende Nahblicke auf die umliegenden Karwendelgipfel.

Von der **Bergstation** der **Karwendelbahn** steigen wir in wenigen Minuten auf die Westl. Karwendelspitze. Von dort ist der Weg absolut klar vorgegeben: Hinüber zur Nördlichen Linderspitze und dann immer in leichtem Auf und Ab, stets den zahlreichen Versicherungen folgend, über die Südl. Linderspitze und Sulzleklammspitze zur Kirchlspitze und zur **Tiroler Hütte**. Von dort »schnackeln« wir nun über die Brunnsteinhütte hinab zum Ghs. Gerber am südl. Ortsende von **Mittenwald** und auf einem Feldweg nahe der Bundesstraße zur Talstation der Karwendelbahn, ... bis die Knie weich werden.

8 Hochlandhütte, 1632 m – Wörnersattel, 1989 m

»Almenhopping« unter den mächtigen Felswänden der Nordkette

Mittenwald – Hochlandhütte – Wörnersattel – Fereinalm – Aschauer Alm – Mittenwald

Talort: Mittenwald, 912 m, im bayerisch-tirolischen Grenzland an der Bahnlinie München – Garmisch-Partenkirchen – Innsbruck gelegen; malerisches Ortsbild, zahlreiche Sport- und Freizeitmöglichkeiten.

Ausgangspunkt: Bundesstraße Krün – Mittenwald, Parkmöglichkeit etwa 1,5 km nördlich von Mittenwald auf Höhe der Kasernen.Vom Bahnhof Mittenwald hierher durch den Ortsteil Raineck und dann auf einem Fußweg oberhalb der Umgehungsstraße zur Brücke über den Gasselainbach.

Gehzeiten: Mittenwald – Hochlandhütte 2½ Std., Hochlandhütte – Wörnersattel 1 Std., Wörnersattel – Fereinalm 1 Std., Fereinalm – Mittenwald 2 Std., insgesamt 5 – 6 Std.

Höhenunterschied: 1080 m.

Anforderungen: Unschwierige, wenngleich etwas anstrengende Wanderung über mehrere Hütten und Almen. Im Bereich des Wörnersattels ausgedehnte Schuttreisen.

Einkehr und Unterkunft: Hochlandhütte, bew. Juni bis Anfang Okt. Kriner-Kofler-Hütte und Jagdhaus auf Fereinalm bew. Juni bis Sept. Aschauer Alm, Gasthaus.

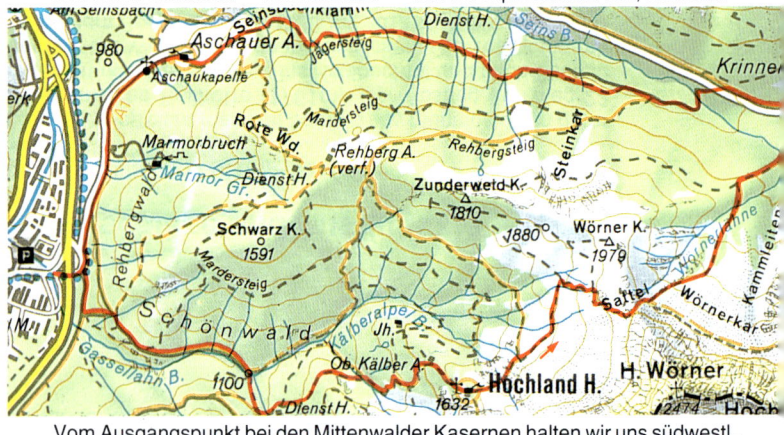

Vom Ausgangspunkt bei den Mittenwalder Kasernen halten wir uns südwestl., zum markanten Taleinschnitt des Gasselainbaches, in den wir – zunächst auf bequemem Fahrweg – hineinwandern. Nach einer knappen Stunde verlassen wir den Hochwald hinaus auf eine freie Fläche, auf der in südl. Richtung, den Bach überquerend, der Weg ins Dammkar abzweigt. Diesem folgen wir, vorbei an einer Jagdhütte, bis zum Unteren Kälberalpl. Gleich nach der Alm entlang der Wegweisung zur Hochlandhütte auf einem markierten Steig nach Osten zum Kamm des Mitteregg und – zuletzt über einige Serpentinen – zum Oberen

Links unterhalb des massigen Wörner ist der gleichnamige Sattel gut zu erkennen.

Kälberalpl. Von hier gelangen wir in wenigen Minuten zur aussichtsreich gelegenen **Hochlandhütte**.

Nach verdienter Rast halten wir uns erst in nördöstlicher Richtung durch den Wörnerboden und steigen anschließend auf einem erstaunlich bequemen Weg in die grasige Einsattelung des **Wörnersattels** auf. Jenseits geht es auf der orographisch linken Seite des Wörnerkares flott hinab durch die weitschweifigen Schuttreisen in die Wörnerlehn und hinunter zum Seinsbach. Jenseits in kurzem Gegenanstieg zu einem Wegekreuz am Fahrweg Mittenwald–**Fereinalm**. Die Alm kann rechtshaltend in wenigen Minuten erreicht werden. Da sie aber selten bewirtschaftet ist, empfiehlt es sich sofort links, talwärts zu marschieren. Schon sehr bald zweigen wir von der monotonen Fahrstraße links ab und erreichen, den Seinsbach erneut überschreitend, einen schmalen, aber gut markierten Jagdsteig am jenseitigen Talhang. Dieser führt immer leicht fallend, aber stets hoch über dem Seinsbach hinaus zu den freien Wiesen der **Aschauer Alm**. Der weitere Abstieg entlang der Fahrstraße hinab nach **Mittenwald** ist kaum zu verfehlen.

9 Rehbergalm, 1560 m

Stille Wanderung zur verfallenen Rehbergalm

Mittenwald – Aschauer Alm – Rehbergalm – Mittenwald

Talort: Mittenwald, 912 m, im bayerisch-tirolischen Grenzland an der Bahnlinie München – Garmisch-Partenkirchen – Innsbruck gelegen; malerisches Ortsbild, zahlreiche Sport- und Freizeitmöglichkeiten.

Ausgangspunkt: Bundesstraße Krün – Mittenwald, Parkmöglichkeit etwa 1,5 km nördlich von Mittenwald auf Höhe der Kasernen.Vom Bahnhof Mittenwald hierher durch den Ortsteil Raineck und auf einem Fußweg oberhalb der Umgehungsstraße

zur Brücke über den Gasselainbach.

Gehzeiten: Mittenwald – Aschauer Alm ¾ Std., Aschauer Alm – Rehbergalm 1¾ Std., Rehbergalm – Mittenwald 1½ Std., insgesamt 3 – 4 Std.

Anforderungen: Leichte Almenwanderung, aber spärlich bezeichnet.

Einkehr: Gasthaus Aschauer Alm. Am weiteren Weg keine Einkehrmöglichkeiten, daher besonders für Kinder ausreichend Getränke mitnehmen.

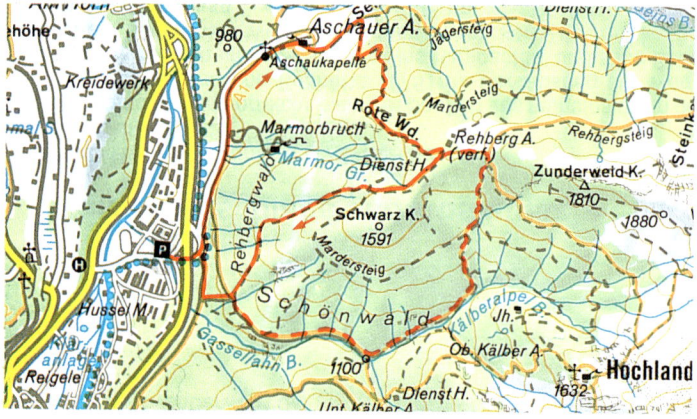

Noch einmal soll uns eine einsame Waldwanderung in die wenig beachteten Vorberge zwischen der mächtigen Nördlichen Karwendelkette und dem in sich abgeschlossen Massiv der Soierngruppe führen. Erneut dienen als Ausgangspunkt die Parkplätze an der Bundesstraße etwa 1,5 km nördlich **Mittenwald** auf Höhe der Kasernenanlagen. Hier zweigt rechts ein breiter und nicht zu verfehlender Fahrweg zum ganzjährig bewirtschafteten Gasthaus **Aschauer Alm** ab, das wir in sanfter Steigung vorbei an einer kleinen, jedoch sehenswerten Kapelle erreichen. Zwischen den Almgebäuden hindurch ist schon bald das Ende des Fahrweges erreicht. In einem ausgeprägten Linksbogen gelangen wir auf einem noch gut markierten Fußweg an das nordöstlichste Ende der freien Almwiesen. Es handelt sich dabei um den Jagdsteig zur Fereinalm.

Hinter dem stillen Waldgebirge über Mittenwald baut sich die mächtige Nördliche Karwendelkette auf.

Kurz nach dem wir den Wald betreten haben, zweigt rechts ein nur blaß markierter Steig ab. In steilem Hochwald gewinnen wir auf dem in weiten Kehren ansteigenden Pfad schon sehr bald rasch an Höhe, um vorbei an einzelnen Steilabbrüchen nach etwa 1½ Stunden die freien Wiesen der aufgelassenen **Rehbergalm** zu erreichen. Somit haben wir den höchsten Punkt unserer heutigen Wanderung und sicherlich einen der am seltensten besuchten Flecken im Karwendel erreicht. Seit die Almwirtschaft hier oben eingestellt und die Gebäude dem Verfall überlassen wurden, verirrt sich kaum jemand auf die idyllischen Matten der Rehbergalm.

Nachdem wir also Ruhe und Aussicht ausgiebig genossen haben, heißt es absteigen zurück in die Betriebsamkeit des verkehrsdurchflossenen Tales. Dazu wenden wir uns an den unteren beiden Almruinen hinein in den Rehbergwald, um auf einem wieder etwas besser markierten Weg stets in südwestl. bis westl. Richtung zwischen Schwarzkopf und Marmorgraben hindurch zur Ausmündung des Gassellainbaches abzusteigen. Von dort nördl., längs der Bundesstraße zu den Parkplätzen.

10 Soiernhäuser, 1613 m

Auf den Spuren königlicher Jagdgesellschaften

Krün – Fischbachalm – Hundstall – Soiernhäuser

Ausgangspunkt: Krün, 875 m, hübscher Ferienort in der weiten Talmulde zwischen Estergebirge und Soierngruppe; mehrere kleine Seen. Busverbindung zur Bahnstation Klais an der Linie Garmisch-Partenkirchen – Innsbruck. Parkmöglichkeit im östlichen Ortsteil nahe dem Isarkanal.

Gehzeiten: Krün – Fischbachalm 1½ – 2 Std., Fischbachalm – Soiernhäuser 1 Std., Abstieg nach Krün 1½ – 2 Std., insgesamt 4½ – 5½ Std.

Höhenunterschied: 880 m.

Anforderungen: Leichte und wenig anstrengende Wanderung. Besonders für Kinder sehr lohnend, da sich in unmittelbarer Nähe der Soiernhäuser die beiden Soiernseen befinden.

Einkehr und Unterkunft: Fischbachalm, im Sommer einfache Almwirtschaft, Soiernhaus, bew. von Juni bis Oktober.

Variante: Für trittsichere Wanderer empfiehlt sich ab der Fischbachalm der Lakaiensteig als kurzweilige Aufstiegsvariante (1½ Std. ab Fischbachalm).

Vom Parkplatz am Sägewerk in **Krün** folgen wir der zur **Fischbachalm** führenden Sandstraße (beschildert, Fahrverbot, Schranke). In gemütlicher Wanderung erreichen wir die Alm in knappen zwei Stunden. Für den Weiterweg bieten sich uns nun – je nach Können – zwei verschiedene Varianten an: Gruppen mit Kindern und etwas weniger geübte Wanderer werden die leichtere Alternative vorziehen und mit geringem Höhenverlust auf der Fahrstraße bis in den **Hundstall** hinab queren. Nach Überschreiten des Fischbaches wandern wir sodann noch ein Stück talein bis zur Talstation der Materialseil-

Ein Paradies für Kinder: Der tiefblaue Soiernsee unterhalb der Soiernhäuser.

bahn. Hier endet die Fahrstraße und wir folgen dem markierten Wanderweg in Serpentinen den steilen Hang empor, vorbei an einem Wasserfall, bis in den Sattel zwischen den Massiven der Schöttelkar- und Krapfenkarspitze; knapp darüber liegt bereits das **Soiernhaus**. Die in jedem Falle lohnendere, jedoch nur für trittsichere und schwindelfreie Zeitgenossen angebrachte Variante, führt unmittelbar nach der Fischbachalm rechts in die steilen Hänge der Ochsenstaffel und des Schöttelkopfes. Der versicherte Lakaiensteig führt ohne Höhenverlust, mehrere recht ausgesetzte Stellen querend, in etwa 1½ Stunden zu den Soiernhäusern. Falls man nicht eine Übernachtung einplant, um anderntags den äußerst genußreichen Höhenweg rund um den Soiernkessel anzuhängen, steigt man am besten über den Normalweg durch den Hundstall nach Krün ab, selbst wenn diesem der Makel eines halbstündigen Gegenanstieges anhaftet.

11 Soiernspitze, 2257 m

An schönen Wochenenden fest in »Münchener Hand«

Soiernhäuser – Schöttelkarspitze – Soiernspitze – Soiernhäuser – Krün

Talort: Krün, 875 m, hübscher Ferienort zwischen Estergebirge und Soierngruppe; mehrere Seen. Busverbindung zur Bahnstation Klais an der Linie Garmisch-Partenkirchen – Innsbruck. Parkmöglichkeit im östlichen Ortsteil nahe dem Isarkanal.

Ausgangspunkt: Soiernhäuser, 1613 m, bew. von Juni bis Oktober, Zugang von Krün in etwa 3 Std. (s. Tour 10).

Gehzeiten: Soiernhäuser – Schöttelkarspitze 1 Std., Schöttelkarspitze – Soiernspitze 2½ Std., Soiernspitze – Soiernhäuser 1½ Std., Abstieg nach Krün 2 Std., insgesamt etwa 7 Std.

Höhenunterschiede: Mit den Gegenanstiegen etwa 800 m im Aufstieg und gut 1500 m Abstieg nach Krün.

Anforderungen: Beliebte, genußreiche und dabei unschwierige Wanderung, deren langer Abstieg allerdings so manchen »Knieschnackler« verursachen kann.

Einkehr und Unterkunft: Soiernhaus, bew. von Juni bis Oktober; Fischbachalm, im Sommer einfache Almwirtschaft.

Variante: Überschreitung Schöttelkarspitze – Seinskopf; von dort Abstieg nach Krün. Weitaus ruhiger als der Klassiker um den Soiernkessel, insgesamt etwa 4 Std.

Am oberen der beiden **Soiernhäuser** beginnend wandern wir – zunächst durch schütteren Baumbestand (Abb. S. 43) – in die westlichste Mulde des Soiernkares, um in einigen Kehren den NO-Grat der **Schöttelkarspitze** und wenig später diese selbst zu erreichen. Vom Gipfel zunächst kurz am Anstiegsweg zu einem Wegweiser zurück, dann die O- und S-Hänge der Schöttelkarspitze queren und absteigend in eine Scharte vor dem Feldernkreuz (Abb. S. 45), auf das wir durch eine schrofige Rinne gelangen. Hier beginnt der großzügige Genußsteig hinüber zur **Soiernspitze** – immer auf oder knapp südl. des Kammverlaufes. Zunächst sind noch einige bröselige Stellen zu bewältigen, ehe sich immer mehr ein runder Grasrücken durchsetzt, der

Am Beginn eines herrlichen Höhenweges: Die Schöttelkarspitze vom Feldernkreuz.

hinüberführt zum Feldernkopf. Hier fallen die Hänge wieder etwas steiler zu beiden Seiten ab, und der Gang über die Soiernschneid wird entsprechend luftig bis hin zu einer recht steilen Graterhebung, die wir über Schutt von W her erreichen. Die Reißende Lahnspitze umgehen wir anschließend knapp unterhalb des Kammes, und gelangen so in die Soiernscharte. Der Weiterweg zur Soiernspitze ist von hier klar überschaubar und bewegt sich immerzu am oder knapp südl. des Kammverlaufes. Zurück zu den Soiernhäusern steigen wir bis in die Scharte am Anstiegsweg ab und halten uns hier scharf rechts ins Soiernkar, durch das wir rasch an Höhe verlierend, zuletzt auf einem Rücken zwischen den beiden Seen hindurch die Hütten erreichen.

Tourenbereich Fall – Hinterriß – Eng

Im nördlichen Einzugsbereich vom Sylvensteinspeicher bis zu den gewaltigen, scheinbar von Zyklopenhand gehauenen Felsgemäuern der Laliderer Wände beherrscht urwüchsige Landschaft das Bild. Wenngleich mit der Mautstraße in die Eng paradoxerweise gerade hier die einzige Möglichkeit besteht, auf den eigenen zwei bis vier motorisierten Rädern tief ins Innere des Gebirges vorzudringen, so sind doch die kleinen Ansiedlungen Fall, Vorder- und Hinterriß touristisch kaum erschlossen. In der gesamten Region wurde die Natur bislang weder durch Liftanlagen noch durch Skipisten oder sonstige Einrichtungen zum Wohle massentouristischer Bedürfnisse verunstaltet.

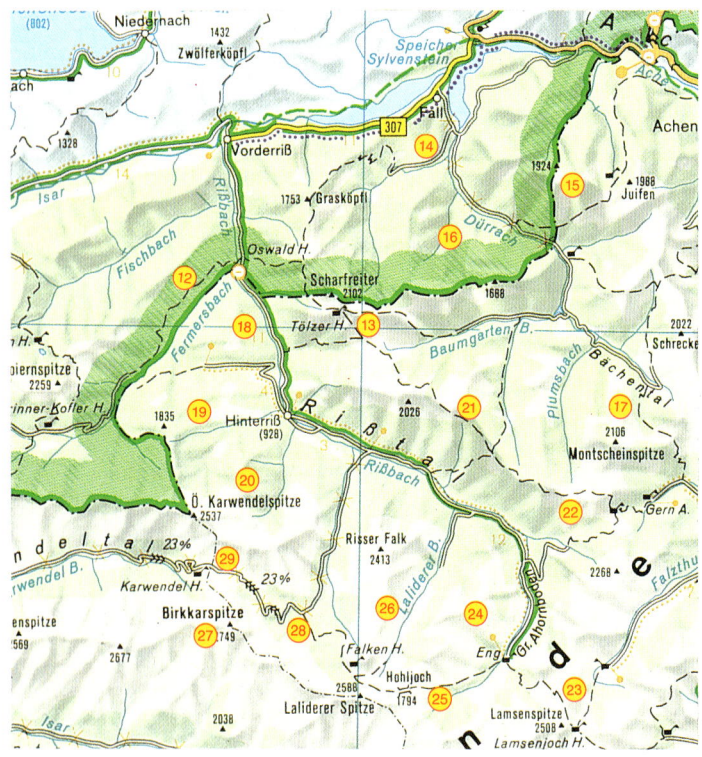

Zwei wuchtige, einsame Klötze: Bettlerkar- und Schaufelspitze aus dem Rißbachtal.

Zu beiden Seiten des Rißtales herrscht also noch eine intakte Bergwelt vor, deren Charakter allerdings unterschiedlicher nicht sein könnte. Während im Nordosten die sanften Bergformen der waldreichen Vorberge zwischen Schaf-reuter und Plumssattel ideales Wanderterrain versprechen, ragen im Südwe-sten die Felsfluchten der Nördlichen Karwendelkette und der Falkengruppe bis hin zum grandiosen Talschluß in der Eng imposant und beinahe bedrohlich empor. Und dennoch gibt es in den dazwischen eingebetteten Tälern, bei-spielsweise längs des Johannis- und Laliderer Baches, auch für den Ge-nußwanderer erstaunlich viel zu holen.

Das Rißtal, ebenso wie das von Fall ausgehende, stille Dürrachtal bis hinter in den Pletzboden, bietet Landschaftsliebhabern wie Einsamkeitssuchern ein reichhaltiges Betätigungsfeld. Darüber hinaus jedoch hat die Gegend sowohl sportlich als auch kulturell wenig Herausragendes anzubieten. Keine Kultur-denkmäler, Tennisplätze, Dampfbäder und Sommerrodelbahnen locken den Touristen. Aber »Hand aufs Herz«, braucht man derlei künstliche Beschäfti-gungstherapie immerzu? Das Angebot an unverbrauchter Landschaft, von den wahrhaftig noch einsam rauschenden Wassern im Bächental bis hin zu den grandiosen Nahblicken an Hohljoch und Ahornböden, reicht aus, um über Jahre hinweg wiederzukommen und dabei stets Neues zu entdecken.

12 Galgenstangenjoch, 1806 m

Einsame Kammwanderung für Pfadfinder

Oswaldhütte – Paindelalm – Grafenherberge – Galgenstangenjoch

Talort: Vorderriß, 809 m, Busverbindung mit Lenggries (Bahnstation), Achenkirch und in die Eng.
Ausgangspunkt: Oswaldhütte, 847 m, etwa 5 km südlich Vorderriß rechts der Straße nach Hinterriß gelegen. Parkmöglichkeit, Bushaltestelle.
Gehzeiten: Oswaldhütte – Paindelalm ½ Std., Alm – Grafenherberge 1½ Std., Grafenherberge – Galgenstangenkopf 2 Std., Abstieg 2 Std., insgesamt 6 – 7 Std.
Höhenunterschied: 980 m.

Anforderungen: An sich leichte Wanderung, die jedoch über weite Teile schlecht bis gar nicht markierte Jagdsteige benutzt. Man benötigt daher einiges Geschick im Aufspüren solcher Pfade. Unterwegs keine Einkehrmöglichkeit.
Variante: Konditionsstarke und erfahrene Wanderer können die Tour über die Baierkarspitze bis zur Krapfenkarspitze fortsetzen und von dort weglos ins Tal des Fermersbaches absteigen. Lang und anstrengend, insgesamt 10 – 12 Std.

Von der **Oswaldhütte** westwärts auf schmalem Steig hinab zum hier aufgestauten Rißbach, den wir auf einer baufälligen Brücke überqueren. Wem die Brücke zu wenig vertrauenserweckend erscheint, der kann auch durch einen kurzen Umweg, nördlich um das Mini-Stauweer herum, das jenseitige Bachufer erreichen.

Dort führt ein nur schwach markierter Steig durch den Hochwald aufwärts. Schon bald treffen wir auf eine erste Forststraße, die wir geradewegs überqueren; erst die zweite Forststraße wird dann nach rechts verfolgt, um kurz darauf zu den Jagdhütten der **Paindelalm** zu gelangen. Hier zweigt in südwestlicher Richtung ein weiterer, allerdings schmaler Fahrweg ab, der nach etwa 20 Minuten in einen Steig übergeht. Noch vor dem ersten, wirklich

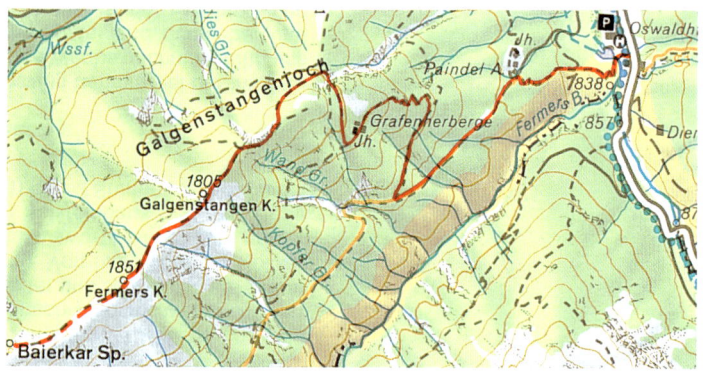

Einsamkeit garantiert: Am Kammverlauf vom Galgenstangenjoch zum Fermerskopf.

markanten Graben (Wandgraben) halten wir uns rechts und biegen in einen gut kenntlichen, jedoch etwas mager markierten Steig ein. Der Pfad wird bald breiter und führt in gleichmäßiger Steigung zu den drei herrlich gelegenen Jagdhütten der **Grafenherberge**.

Obgleich ein in südwestlicher Richtung weiterführender Steig anfangs noch recht verlockend aussieht – der folgende Latschengürtel erweist sich jedoch als geradezu unüberwindbar –, steigen wir auf schmalem Weg in beinahe genau nördlicher Richtung hinauf zum Kamm des Galgenstangenjoches. Dort treffen wir wieder auf eine spärliche Markierung, die uns hinüber zum **Galgen-stangenkopf** leitet. An sich könnten wir hier unsere Wanderung beenden, denn der Kamm ist erreicht, und als Lohn der Aufstiegsmühen winkt eine in den meisten Fällen absolut einsame Gipfelrast. Die Genießer unter uns aber werden es nicht versäumen, weiter zu wandern und zu schauen längs dieses Kammes, hinüber zum Fermerskopf, zur Baier- oder gar zur Krapfenkarspitze.

13 Schafreuter, 2100 m

Altbekannter Aussichtsgipfel in den Vorbergen

Oswaldhütte – Moosenalm – Schafreuter – Tölzer Hütte – Lecktal

Talort: Hinterriß, 931 m. Busverbindung mit Lenggries, Wallgau und Achenkirch.
Ausgangspunkt: Oswaldhütte, 840 m, ca. 6 km vor Hinterriß an der Einmündung des Fermersbaches in den Rißbach.
Gehzeiten: Oswaldhütte – Moosenalm 2½ Std., Alm – Schafreuter 1½ Std., Gipfel – Tölzer Hütte ½ Std., Hütte – Lecktal 1½ Std., insgesamt 6 – 7 Std.
Höhenunterschied: 1260 m.

Anforderungen: Leichte, aber ausgedehnte Rundtour mit einer versicherten Stelle (wenig zuverlässiges Drahtseil) im Abstieg vom Gipfel zur Tölzer Hütte.
Einkehr und Unterkunft: Tölzer Hütte, 1835 m, bew. Juni - Ende Oktober.
Variante: Querung von der Moosenalm zur Tölzer Hütte in den W- und S-Hängen des Schafreuter. Weniger anstrengend als über den Gipfel, insgesamt 5 Std.

Nicht erst seit jüngster Zeit erfreut sich der Anstieg auf den Schafreuter wegen der schönen Aussicht auf die Nördliche Karwendelkette und die nahe Falkengruppe großer Beliebtheit. Dabei wählen die meisten Wanderer den Parkplatz am Ausgang des Lecktales als Ausgangspunkt. Wir hingegen vertauschen bereits an der **Oswaldhütte** Lenkrad mit Wanderschuhen und steuern in

Die Tölzer Hütte, idyllisch und aussichtsreich unter dem Schafreuter gelegen.

östlicher Richtung. In gut zweistündigem Anstieg erreichen wir über den alten Almpfad, der bald einer monströs angelegten Forststraße weichen soll, durch Mischwälder die **Moosenalm**. Wem nun die Überschreitung des Schafreuter zu anstrengend erscheint, der kann die W- und S-Hänge des Berges hinüber zur Tölzer Hütte queren. Gipfelstürmer hingegen biegen schon bald nach der Alm links ab, um auf gutem Pfad das Kälbereck zu erreichen; ab hier dem breiten NW-Kamm problemlos folgend zum Gipfel des **Schafreuter**.

Im Abstieg halten wir uns erst ganz kurz an den W-Grat, ehe eine kurze versicherte Stelle die Einquerung in die Mulde südl. unterhalb des Gipfels vermittelt. Der wenig vertrauenserweckende Zustand des hier angebrachten Drahtseiles läßt es ratsam erscheinen, sich eher auf das umliegende, im Prinzip harmlose Gelände zu verlassen und selbst Hand an den Fels zu legen. Weiter stets unterhalb des SO-Kammes zur **Tölzer Hütte**.

Der weitere Abstieg führt uns nun hinunter ins Lecktal, wobei wir die Hütte zunächst nach SO, zum Delpshals hin, verlassen; unter diesem auf den Pfandlochgraben zu absteigen. Kurz bevor der Graben eng und steil wird, wendet sich der Weg nach W in die Wälder und führt in mehreren Kehren hinab zum Parkplatz am Ausgang des **Lecktales** (Linienbus zur Oswaldhütte).

14 Roßkopf-Umrundung

Ausgedehnter Spaziergang oberhalb des Sylvensteinsees

Fall – Westerdürrachtal – Wiesalm – Fall

Talort / Ausgangspunkt: Fall, 773 m, Häusergruppe auf einer kleinen Landzunge am Südufer des Sylvensteinsees, nachdem der alte Ort im Wasser des Stausees verschwinden mußte. Busverbindung mit Lenggries, Achenkirch, Wallgau und in die Eng. Großräumige Parkplätze. **Gehzeiten:** Fall – Westerdürrachtal – Wiesalm 1¼ Std., Wiesalm – Fall ¾ Std., insgesamt 2 – 2½ Std.

Höhenunterschied: 250 m.
Anforderungen: Ganz leichte Wanderung auf Forststraßen und Wirtschaftswegen. Besonders wegen der Nähe zum Stausee und der imposanten Schlucht, in der die Westerdürrach talwärts tost, für Kinder sehr interessant.
Einkehr und Unterkunft: Am Weg keine Einkehrmöglichkeiten, jedoch einige Gasthöfe in Fall.

Wenn im Mai oder Juni in höheren Lagen Altschneereste das Fortkommen noch recht beschwerlich machen, ist die Zeit für diesen gemütlichen Spaziergang um den Roßkopf günstig. Dann nämlich, zu Zeiten der Schneeschmelze, rührt sich was in der engen Schlucht der Westerdürrach: da ist sie in fester Hand der Kajakfahrer, die die kurze Zeit der hohen Wasserführung nutzen und mit akrobatischen Einlagen durch die wilden Wasser toben.

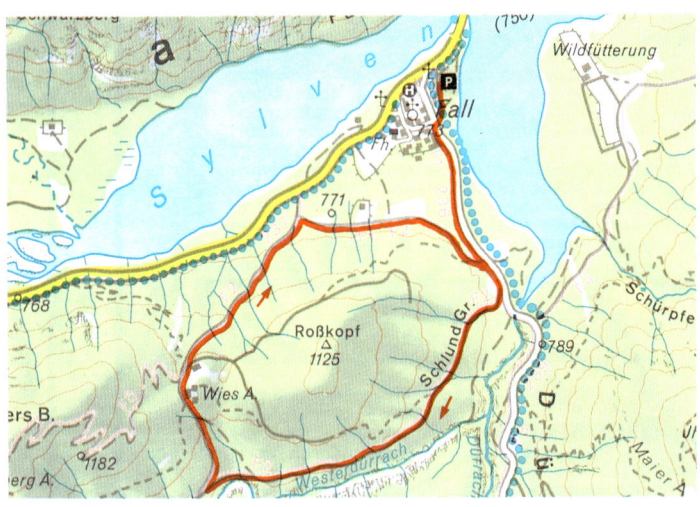

Zahllose Blumenarten gibt es auf dieser Wald- und Wiesentour zu bestaunen.

Von **Fall** aus folgen wir dem für den öffentlichen Verkehr gesperrten Fahrweg ins Dürrachtal; bereits nach einer knappen halben Stunde verlassen wir das Asphaltband nach rechts auf einem ebenso breiten Wirtschaftsweg, um an Höhe zu gewinnen und Richtung Südwesten ins **Westerdürrachtal** zu queren. Erst relativ spät bekommen wir nun linker Hand die tiefe Schlucht des Baches zu sehen; sie begleitet mit ständig wechselnden Eindrücken unseren weiteren Gang bis in eine scharfe Rechtskurve, durch die wir das eigentliche Wester-dürrachtal verlassen und zur **Wiesalm** gelangen. Über einen Forstweg steigen wir nun in nordöstlicher Richtung hinunter, bis wir kurz vor der Bundesstraße auf einer Lichtung rechts auf einen Wirtschaftsweg abzweigen, der uns zur Fahrstraße ins Dürrachtal – etwa auf Höhe des südl. Seendes – zurückführt.

15 Demeljoch, 1923 m

Kammwanderung mit zauberhaften Tiefblicken zum Sylvensteinstausee

Walchental – Schürpfeneck – Demeljoch – Dürrnberg – Dürrachtal

Talort: Fall, 773 m, Häusergruppe auf einer Landzunge am Südufer des Sylvensteinsees. Busverbindung mit Lenggries, Achenkirch, Wallgau und in die Eng.

Ausgangspunkt: Bundesstraße Lenggries – Achenpaß; geräumige Parkmöglichkeiten am östl. Ende des Sylvensteinspeichers (Wegweiser zum Demeljoch).

Gehzeiten: Walchental – Schürpfeneck 2½ Std., Schürpfeneck – Demeljoch

1 Std., Demeljoch – Dürrachtal 2 Std., Dürrachtal – Walchental 1 Std., insgesamt mindestens 6 – 7 Std.

Höhenunterschied: 1150 m.

Anforderungen: Aufgrund ihrer Länge verlangt diese an sich leichte Wanderung eine ordentliche Kondition (die angegebenen Zeiten sind recht knapp bemessen). Am gesamten Weg keine Einkehrmöglichkeit.

Der Hühnerberg an der aussichtsreichen Kammwanderung zum Demeljoch.

Wir überqueren die **Walchenklamm** über eine Brücke und folgen drüben der Markierung D1 hinauf zu einer Forststraße. Dieser nur kurz nach W entlang bis links ein markierter Steig in den Wald hinein abbiegt, über den wir schon bald den Rücken des Hühnerberges erreichen. Bereits hier ist unser heutiger Gipfel im Süden sichtbar. Vorbei an den verfallenen Kirchmairalmen gewinnen wir, immer längs des Kammes, das **Schürpfeneck**, das Dürrnbergjoch und durch Latschen das **Demeljoch**. Auf diesem langen Marsch über den Grat lassen die herrlichen Aus- und Tiefblicke jedoch die Zeit nie lang werden.

Wem es dennoch etwas zu viel wird, der mag sich die letzteren beiden Gipfel ersparen und bereits unter dem Dürrnbergjoch die markierte Abzweigung zum **Dürrnberg** nehmen. Von diesem unscheinbaren Gipfel führt ein spärlich markierter, doch gut zu findender Jagdsteig hinunter zur Maieralm und in vielen Kehren zur Forststraße im **Dürrachtal**. Dieser folgen wir kurz Richtung Norden, um noch vor dem Südende des Sees rechts auf einen Wirtschaftsweg abzuzweigen, auf dem wir vorbei an einer Wildfütterung und einer Jagdhütte ans östl. Seeende gelangen. So kehren wir auf der morgens nur kurz verfolgten Fahrstraße, nun in entgegengesetzter Richtung, ins Walchental zurück.

16 Lerchkogelalm, 1550 m

In die stille Weite waldreicher Vorberge

Fall – Lerchkogelalm – Pletzboden – Dürrachtal – Fall

Um es gleich vorwegzunehmen: Wer etwas gegen lange Talhatscher hat, der kann getrost auf diese Tour verzichten; wer sich hingegen der Unterstützung eines bergtauglichen Radls erfreut, der ist ganz sicher richtig.
Gemütlich rollen wir von **Fall** ins Dürrachtal und deponieren unseren Drahtesel an der rechtsseitigen Abzweigung eines Weges (Mark. 239), der hinab zur Dürrachbrücke führt; jenseits über einen Forstweg hinauf zu den Stierschlagalmen geht es dann schon zu Fuß weiter. Hier verlassen wir den Forstweg in der Kurve nach der Alm und wandern auf einem gut markierten Pfad über den Niederleger zum **Lerchkogel Hochleger** knapp nördlich unterhalb des Kammverlaufs Lerchkogel – Stierjoch. Den Markierungen – sie leiten weiter über den Delpssee zur Tölzer Hütte – folgen wir über den Kamm hinweg bis zu einer fast ebenen Querung in südlicher Richtung. An deren Ende zweigt links ein Wirtschaftsweg ab, der in in einigen Kehren und einer langen Schleife nach O hinabzieht zur Nonnenalm und ins Baumgartental. Auf dem flachen Fahrweg vorbei am Jagdhaus **Pletzboden** zum kleinen Stausee an der Ein-

Blick vom Zunterkopf über die Vorberge zum Hauptkamm, rechts im Mittelgrund der unscheinbare Lerchkogel mit seiner bewaldeten Südflanke.

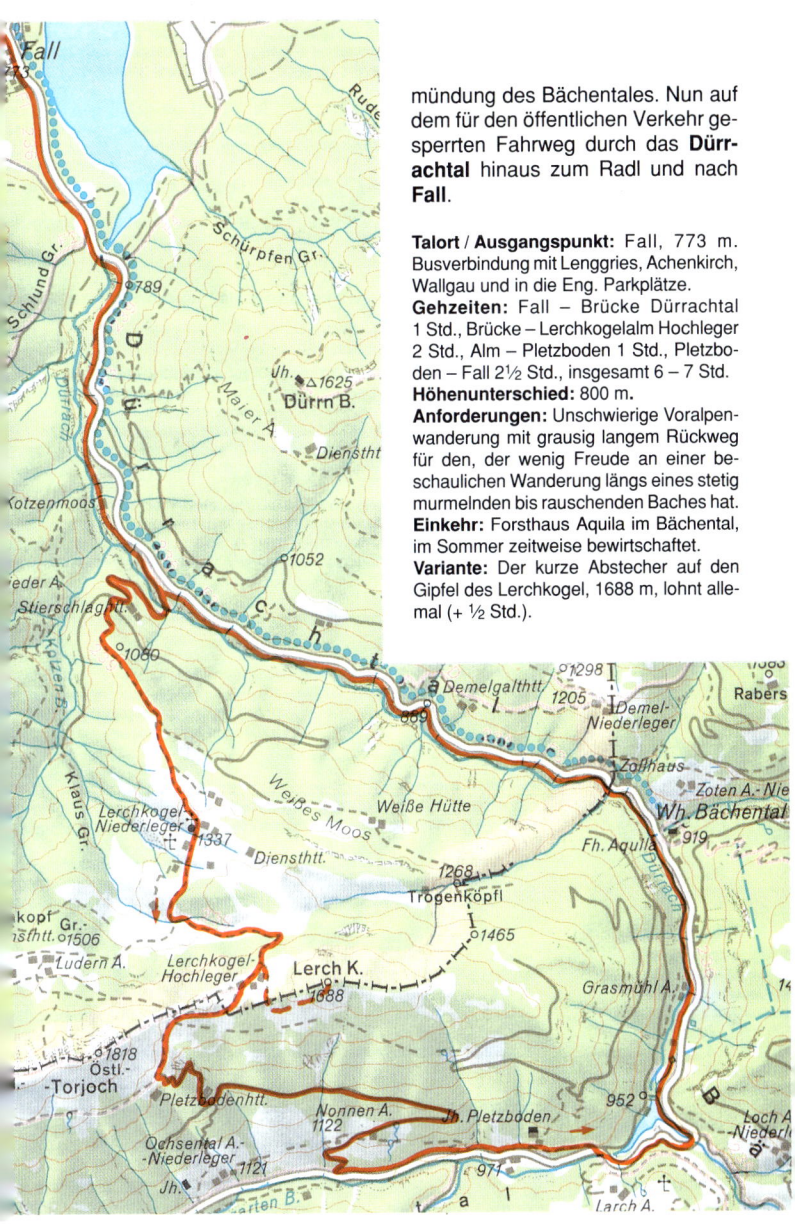

mündung des Bächentales. Nun auf dem für den öffentlichen Verkehr gesperrten Fahrweg durch das **Dürrachtal** hinaus zum Radl und nach **Fall**.

Talort / Ausgangspunkt: Fall, 773 m. Busverbindung mit Lenggries, Achenkirch, Wallgau und in die Eng. Parkplätze.
Gehzeiten: Fall – Brücke Dürrachtal 1 Std., Brücke – Lerchkogelalm Hochleger 2 Std., Alm – Pletzboden 1 Std., Pletzboden – Fall 2½ Std., insgesamt 6 – 7 Std.
Höhenunterschied: 800 m.
Anforderungen: Unschwierige Voralpenwanderung mit grausig langem Rückweg für den, der wenig Freude an einer beschaulichen Wanderung längs eines stetig murmelnden bis rauschenden Baches hat.
Einkehr: Forsthaus Aquila im Bächental, im Sommer zeitweise bewirtschaftet.
Variante: Der kurze Abstecher auf den Gipfel des Lerchkogel, 1688 m, lohnt allemal (+ ½ Std.).

17 Mantschen, 1825 m

Trotz der unappetitlichen Namen faszinierende Radl- und Bergtour

Stausee Bächental – Mantschenalm – Mantschen – Hinterschleimsalm – Stausee Bächental

Talort: Fall, 773 m, Häusergruppe auf einer kleinen Landzunge am Südufer des Sylvensteinsees, nachdem der alte Ort im Wasser des Stausees verschwinden mußte. Busverbindung mit Lenggries, Achenkirch, Wallgau und in die Eng. Großräumige Parkplätze.
Ausgangspunkt: Stausee am Zusammenfluß von Bächen- und Baumgartental, ca. 960 m, von Fall mit dem Fahrrad durch das Dürrachtal in 1 Std. erreichbar.
Gehzeiten: Stausee – Mantschenalm

2 Std., Mantschenalm – Mantschen 1 Std., Mantschen – Hinterschleimsalm 1 Std., Hinterschleimsalm – Stausee ¾ Std., insgesamt 5 Std.
Höhenunterschied: 865 m.
Anforderungen: Einsame Alm- und Bergwanderung, ab der Mantschenalm in unmarkiertem, teilweise weglosem, aber übersichtlichem Gelände. Anfahrt zum Stausee nur mit dem Radl möglich.
Einkehr: Forsthaus Aquila im Bächental, im Sommer zeitweise bewirtschaftet.

Erneut Blick über die Vorberge zum Hauptkamm: Die linke der beiden grasigen Kuppen im Vordergrund ist der Mantschen, dahinter die Montscheinspitze.

Nachdem wir uns mit dem Fahrrad von Fall bis zum **Bächental-Stausee** »warmgefahren« haben, wird das Gefährt an einer Kurve um den östlichen Arm des Sees eingestellt. Hier zweigt nach Südosten eine Almstraße ab, der wir erst links, dann rechts des Talgrundes folgen (bei Abzweigungen immer der Mark. 236 zum Schleimssattel entlang). An der vierten Kehre hinter der Katzenschlaglalm verlassen wir die Straße nach links auf einem markierten Weg, dem wir zur **Mantschenalm** folgen. Direkt an der Alm halten wir uns zunächst noch auf Viehpfaden, dann weglos westl. aufwärts in eine Einsattelung und nördlich über den grasigen Kamm zum **Mantschen**.

Zurück am Sattel biegen wir nach rechts hin, also in westl. Richtung ein und steigen über weglose, aber übersichtliche Wiesenhänge hinunter zur stillen Kotzenalm. Ab hier führt ein kaum zu verfehlender Weg erst in Serpentinen durch Waldstücke, dann über die flachen Almböden hinaus zur **Hinterschleimsalm**. Hier beginnt wieder ein Wirtschaftsweg, auf dem wir rasch die Katzenschlaglalm erreichen, wo sich unsere Rundtour schließt.

18 Vorderskopf, 1858 m

Steile Pfade auf den eigenartig geformten »Torwächter« des Rißtales

Weitgriesalm – Sattelgraben – Jagdhaus am Sattel – Vorderskopf

Talort: Hinterriß, 931 m. Einzige ganzjährig bewohnte Siedlung im Innern des Karwendelgebirges; zahlreiche Wandermöglichkeiten zwischen Nördlicher Karwendelkette und den Vorbergen. Busverbindungen nach Lenggries (Bahnstation), Achenkirch und in die Eng.
Ausgangspunkt: Gasthaus Weitgriesalm, 885 m, etwa 4 km nördlich von Hinterriß an der Straße nach Vorderriß gelegen,

Parkmöglichkeit und Bushaltestelle.
Gehzeiten: Weitgriesalm – Jagdhaus am Sattel 2 Std., Jagdhaus – Vorderskopf 1 Std., Abstieg vom Gipfel zur Weitgriesalm 2 Std., insgesamt etwa 5 Std.
Höhenunterschied: 978 m.
Anforderungen: Nicht immer gut markierte Jagdsteige; im Gipfelbereich teilweise weglos über steile Grashänge. Bei Nässe sehr unangenehm zu begehen.

Etwa 300 m südlich der **Weitgriesalm** – etwa auf Höhe der Alpenangeralm – zweigt in westlicher Richtung ein kleiner Fahrweg zum Rißbach hin ab. Auf ihm überqueren wir den Bach und gelangen so am jenseitigen Ufer zu einer Forststraße, der wir taleinwärts folgen.
Nach knapp 20 Minuten – soeben haben wir den Abfluß des markanten **Sattelgrabens** überschritten – führt rechter Hand eine deutliche rote Markierung (neuerdings auch beschildert) in den steilen Bergwald. Anstrengend und dabei deutlich an Höhe gewinnend mühen wir uns auf einem schmalen, wenngleich überraschend gut markierten Weg am orographisch rechten Begrenzungsrücken des Sattelgrabens bergauf. Da dieser ostseitige Anstieg schon sehr bald von der Morgensonne beschienen wird, ist ein frühzeitiger Aufbruch dringend anzuraten, um nicht schon hier in den zahlreichen Serpentinen schweißtriefend zu ermüden.

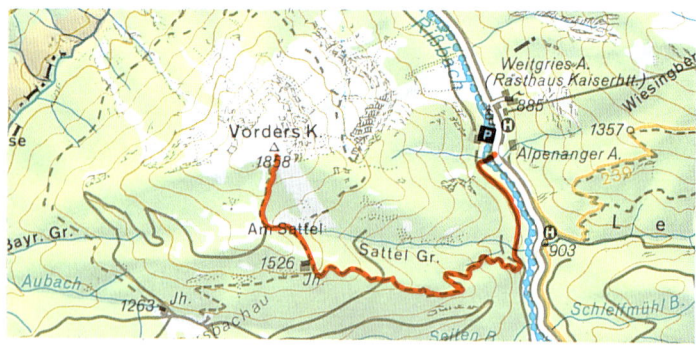

Allein schon das zauberhafte Gipfelkreuz lohnt den Besuch des Vorderskopfes.

Nach etwa zwei Stunden haben wir dann ein Gutteil unseres Anstieges geschafft und die **Jagdhütte am Sattel** erreicht. Ein schlechter und meist recht sumpfiger Weg führt nun nach rechts hinaus auf eine Lichtung, über die wir in westlicher Richtung das Joch südlich unterhalb des Vorderskopfes erreichen. Noch einmal heißt es nun durchstarten, um in steilem Anstieg über die vom Gipfel nach Süden abfallenden Grashänge (bei Nässe unangenehm) den **Vorderskopf** zu gewinnen.

Nicht schlecht werden wir staunen, wenn wir hier oben nach all dem steilen Anstieg keinen ausgeprägten Gipfelzacken, sondern ein Plateau von der Größe eines Fußballfeldes betreten, das an seinem östlichen Rand von einem kleinen, aber herrlichen Gipfelkreuz geschmückt wird. Wahrhaftig der rechte Ort, um innezuhalten, zu rasten und andächtig zu schauen.

19 Rappenklammspitze, 1835 m

Kleiner »Kraxelgipfel« vor großer Kulisse

Hinterriß – Rontalalm – Rappenklammspitze

Talort / Ausgangspunkt: Hinterriß, 931 m. Einzige ganzjährig bewohnte Siedlung im Innern des Karwendelgebirges; zahlreiche Wandermöglichkeiten zwischen Nördlicher Karwendelkette und den Vorbergen. Busverbindungen nach Lenggries (Bahnstation), Achenkirch und in die Eng. Große Parkplätze rechter Hand vor der Ortseinfahrt oder nach der Ortsausfahrt.

Gehzeiten: Hinterriß – Rontalalm 1 Std.,

Rontalalm – Rappenklammspitze 2 Std., Abstieg nach Hinterriß 2 Std., insgesamt 5 Std.

Höhenunterschied: 904 m.

Anforderungen: Anspruchsvolle Bergwanderung: Der Gipfelaufbau erfordert Kraxelei (I) und Trittsicherheit; ansonsten keine nennenswerten Schwierigkeiten.

Einkehr und Unterkunft: Am Weg keine »Versorgungsstation«, jedoch zwei Gasthäuser in Hinterriß.

Direkt in **Hinterriß**, etwa 200 m südlich des Gasthauses zur Post, zweigt nach der Einmündung einer Teerstraße rechtsseitig der beschilderte Fahrweg ins Rontal ab. Ihm folgen wir in gemächlicher Wanderung, bis wir etwa eine Stunde den flachen Talboden mit der **Rontalalm** erreichen. Wem der Spaziergang auf der Straße als zu langweilig erscheint, der hat die Möglichkeit, auf einer der rechts abzweigenden Forststraßen den Ronbach zu überqueren und

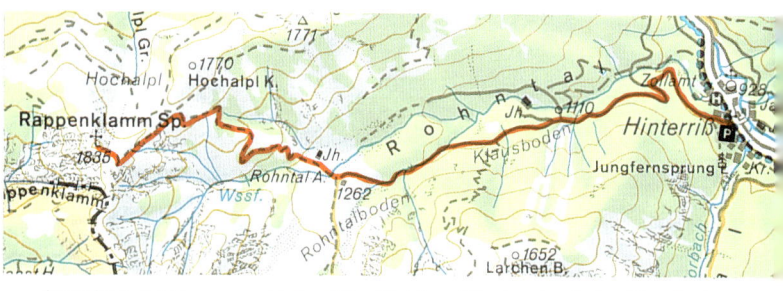

jenseits auf einem unmarkierten Weg Richtung Westen durch den Klausboden zu den freien Wiesen der Rontalalm zu wandern. In aller Regel erweist sich der Weg über die Straße jedoch als bequemer und ohnehin nicht länger.

Kurz vor den Almen nun wenden wir uns nach Norden und überschreiten einen Bach. Zunächst noch flach über freie Wiesen gelangen wir – links an einer Jagdhütte vorbei – rasch an den Rand eines lichten Waldes. Hier ist es erst einmal mit dem gemütlichen Charakter der Wanderung vorbei, denn steil windet sich der Weg in Serpentinen durch Wald und hochgewachsene Latschenbüsche hinauf bis in einen Sattel des Bergrückens, der von der Rappen-

Während der Rißbach meist ruhig in seinem breiten Bett dahinfließt, graben sich die seitwärts einmündenden Bäche an den Talausgängen oft tiefe Schluchten.

klammspitze nach Nordosten über den Hochalplkopf zum Ronberg abzieht. Den anstrengendsten Teil unserer Tour haben wir hier bereits hinter uns gelassen.

In leichtem Auf und Ab halten wir uns nun nach Südwesten dem Kamm entlang auf den Gipfelaufbau der Rappenklammspitze zu, den wir von links her über einen Sattel südlich des Gipfels erreichen. Ängstliche Gemüter mögen hier die Tour beenden, denn auf den letzten Metern zum Gipfel erwartet uns noch leichte Kletterei über einen schmalen und etwas ausgesetzten Felsgrat. Doch mit etwas Trittsicherheit und Schwindelfreiheit läßt sich die **Rappenklammspitze** problemlos erreichen und auch dem Abstieg muß man dann nicht entgegenzittern.

20 Rontal – Tortal

Altbekannter und hochgelobter »Pause-Klassiker«

Hinterriß – Rontalalm – Torscharte –Tortalalm – Hinterriß

Talort / Ausgangspunkt: Hinterriß, 931 m. Einzige ganzjährig bewohnte Siedlung im Innern des Karwendelgebirges; zahlreiche Wandermöglichkeiten zwischen Nördlicher Karwendelkette und den Vorbergen. Busverbindungen nach Lenggries (Bahnstation), Achenkirch und in die Eng. Große Parkplätze rechter Hand vor der Ortseinfahrt oder nach der Ortsausfahrt.

Gehzeiten: Hinterriß – Rontalalm 1 Std., Rontalalm – Torscharte 2 Std., Torscharte – Tortalalm Niederleger 1 Std., Tortalalm –

Hinterriß 1 Std., insgesamt 5 Std.
Höhenunterschied: 884 m.
Anforderungen: Absolute Genußtour ohne technische Schwierigkeiten, daher auch für Kinder besonders geeignet.
Einkehr und Unterkunft: Zwei Gasthöfe in Hinterriß, unterwegs keine Einkehrmöglichkeit.
Variante: Trittsichere Wanderer können mit einem zeitlichen Mehraufwand von 1 Std. aus der Torscharte noch den Torkopf besteigen.

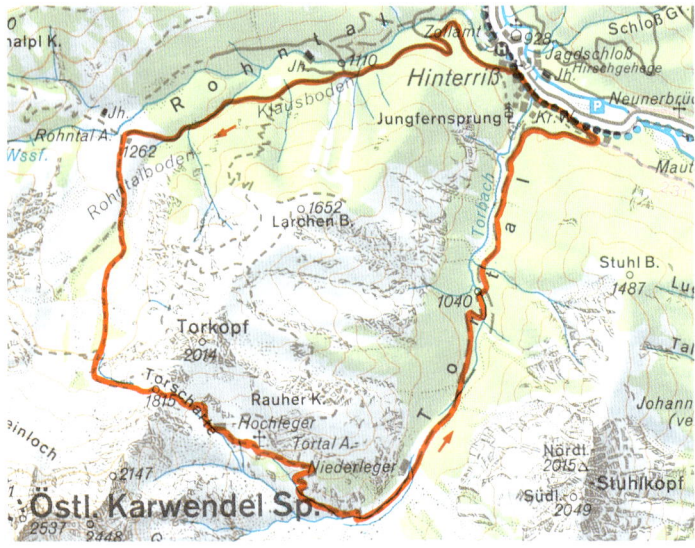

Wie schon bei Tourenvorschlag 19 wandern wir von **Hinterriß** gemütlich auf der Almstraße hinein ins **Rontal** direkt bis zur gleichnamigen Alm. Zwischen den Almgebäuden hindurch führt nun in genau südlicher Richtung ein gut markierter Weg – stets angesichts der gewaltigen Nordabstürze der Östlichen Karwendelspitze – in den hintersten Winkel des Tales. Je mehr wir uns den

Schon beim Abstieg durch das Tortal entdecken wir mit dem Schafreuter (links) oder dem Schönalmjoch (rechts) zwei weitere lohnende Wanderungen im Bereich Hinterriß.

dunklen Felswänden nähern desto wilder und bedrohlicher scheinen sie emporzustreben. An einer Schuttreisse angelangt zweigen wir in östlicher Richtung ab, um in zahlreichen Kehren die markante **Torscharte** zu gewinnen. Kaum hat man hier das eine Amphitheater verlassen, tut sich jenseits der Scharte mit den riesigen Wandfluchten zwischen Grabenkar- und Talelespitze eine weitere atemberaubende Szenerie auf.

Steil schlängelt sich der Weg nun hinab, vorbei am Tortal Hochleger in den idyllisch zu Füßen der wilden Felswände gelegenen Talboden der **Tortalalm**. Hier kehren wir allmählich der alpinen Gigantomanie den Rücken und wandern, den Blick auf die sanften Bergformationen der Vorberge gerichtet, wo das Auge allmählich wieder Ruhe findet, der Almstraße entlang talauswärts. Zunächst noch links, dann rechts des Torbaches schlendern wir zum Abschluß ebenso gemächlich wie zu Beginn der Tour hinaus nach **Hinterriß**.

21 Fleischbank, 2028 m

Einsame Kammwanderung gegenüber der Falkengruppe

Fuggerangeralm – Jagdhaus Steilegg – Fleischbank – Grasbergjoch – Grasbergsattel – Kreuzbrücke – Fuggerangeralm

Talort: Hinterriß, 931 m. Busverbindungen nach Lenggries (Bahnstation), Achenkirch und in die Eng.

Ausgangspunkt: Fuggerangeralm, ca. 960 m; 3 km östlich Hinterriß linksseits der Straße in die Eng gelegen. Parkmöglichkeit einige hundert Meter weiter an der Ausmündung des Johannistales.

Gehzeiten: Fuggerangeralm – Steilegg 2 Std., Steilegg – Fleischbank 1½ Std., Fleischbank – Grasbergjoch ½ Std., Grasbergjoch – Grasbergsattel ½ Std., Gras-

bergsattel – Kreuzbrücke 1 Std., Kreuzbrücke – Fuggerangeralm ¾ Std., insgesamt 6 – 7 Std. Bei südlicher Umgehung der Gipfel 1 Std. kürzer.

Höhenunterschied: 1226 m, bei südlicher Umgehung der Gipfel ca. 900 m.

Anforderungen: Wenig schwierige, doch recht lange Tour. Unterwegs keine Möglichkeit der Einkehr.

Variante: Trittsichere und schwindelfreie Wanderer können auf unmarkierten Steigen direkt dem Kammverlauf folgen.

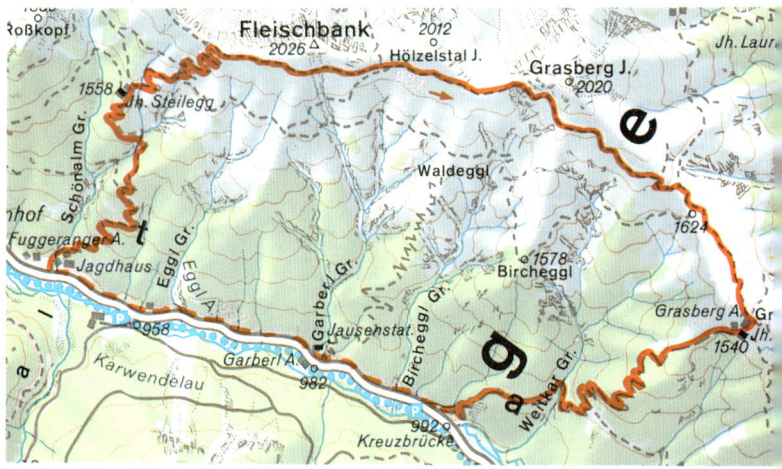

Vom Parkplatz am Beginn des Johannistales marschieren wir nur kurz der Straße entlang talauswärts bis zur **Fuggerangeralm**, hinter der am Ende eines kurzen Fahrweges ein gut markierter Weg ins Gehölz hineinführt; diesem folgen wir in zahllosen Serpentinen die steilen Waldhänge hinauf. Allmählich wird es ringsum lichter, ehe wir nach links hin in einer flacheren Querung einen markanten Bacheinschnitt kreuzen. Jenseits noch einige Kehren, und schon stehen wir hoch über dem Tal vor der idyllisch gelegenen

Noch Anfang Juni zeigen sich die Falken vom Grasbergsattel aus winterlich verschneit.

Jagdhütte **Steilegg**. Rechts an ihr vorbei streben wir in weiten Schleifen durch lichten Wald und Latschen dem Kamm Schönalmjoch – Fleischbank entgegen. Wenn wir ihn erreichen, haben die Genußwanderer unter uns bereits den Löwenanteil des Aufstieges hinter sich gebracht. Während die Gipfelsammler dem weglosen Kammverlauf direkt folgend noch sämtliche Erhebungen »abknipsen«, geben wir uns ganz dem Vergnügen hin und bummeln – stets angesichts der jenseits des Tales jäh aufragenden Falken – knapp südlich unterhalb des Kammes nach Osten unter **Fleischbank** und **Grasbergjoch** hindurch in den **Grasbergsattel**. Hier zweigt an der Jagdhütte ein Karrenweg in südwestlicher Richtung ab, auf dem wir schon bald in den Wald eintauchen und hinabsteigen zur **Kreuzbrücke**. Nun den Daumen in den Wind oder etwas mühseliger zu Fuß längs der Straße zurück zum Fuggeranger.

22 Kompar, 2010 m

Aussichtsreiche Rundtour mit Erweiterungsmöglichkeiten

Hagelhütten – Hasentalalmen – Kompar – Plumsjochhütte – Hagelhütten

Talort: Hinterriß, 931 m. Busverbindungen nach Lenggries (Bahnstation), Achenkirch und in die Eng.

Ausgangspunkt: Parkplatz an den Hagelhütten, 1077 m; etwa 11 km östlich von Hinterriß linker Hand der Mautstraße in die Eng gelegen, beschildert.

Gehzeiten: Hagelhütten – Hasentalalm Mitterleger 1¾ Std., Hasentalalm Mitterleger – Kompar 1½ Std., Kompar – Plumsjochhütte 1 Std., Plumsjochhütte – Hagelhütten 1¾ Std., insgesamt 5½ – 6½ Std.

Höhenunterschied: 935 m.

Anforderungen: Leichte Almwanderung; auch der Gipfelanstieg über den begrünten Südrücken sowie der anschließende Höhenweg zur Plumsjochhütte weisen keinerlei Schwierigkeiten auf.

Einkehr und Unterkunft: Plumsjochhütte, 1630 m. Privates Almgasthaus unterhalb des Plumssattels, von Juni bis Oktober voll bewirtschaftet.

Variante: Vom Höhenweg abzweigend nördlich um das Satteljoch herum zur Plumsjochhütte. Mit etwas Glück kann man dort viele Murmeltiere beobachten.

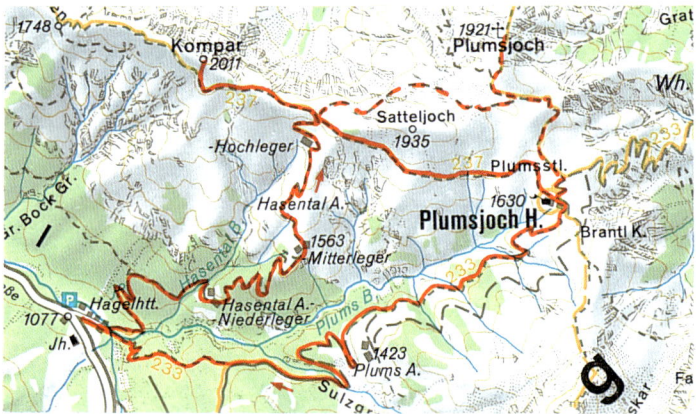

Vom Parkplatz an den **Hagelhütten** folgen wir dem beschilderten Fahrweg zu den Hasentalalmen über den Rißbach und jenseits in den Wald. Die Almstraße holt in einigen Kehren etwas nach Westen aus, ehe sie, wieder in Grundrichtung Ost, den Hasentalbach überquert und auf die freien Wiesen des Hasentalalm Niederlegers führt. Zwischen den Almen hindurch gewinnen wir einen markierten Pfad der leicht linkshaltend erneut in den Wald eintaucht. Bei einer späteren Weggabelung halten wir uns rechts, um schon bald den **Hasentalalm** Mitterleger zu erreichen. In nördlicher Richtung steigen wir über die nun flacheren Hänge vorbei an der Hochalm hinauf zum Höhenweg von der

Der Hasentalalm-Niederleger am Aufstieg zum Kompar; links einer der einsamsten (und mühsamsten) Karwendelgipfel, die Schaufelspitze, rechts das Sonnjoch.

Plumsjoch- zur Tölzer Hütte. Über diesen in einer wenig ansteigenden Linksquerung an den begrasten Südrücken des **Kompar**, durch den wir auf einer steilen Steigspur zum Gipfel gelangen.

Nach ausgiebiger Rast steigen wir hinab zum Höhenweg und genießen die aussichtsreiche Wanderung hinüber zur **Plumsjochhütte**. Der Beschilderung »Hagelhütten« folgend geht es nun hinab, stets hoch über dem Plumsbach einige Bachläufe querend, bis wir unterhalb der Plumsalm auf den Fahrweg stoßen. Diesen verfolgen wir noch ein Stück, zweigen dann aber auf einem markierten Weg durch Wald zum Rißbach hinunter ab, den es unmittelbar hinter den **Hagelhütten** ohne Brücke, aber trotzdem trockenen Fußes zu überqueren gilt. Ein Kunststück für sich ... oder bereits gewaschene Füße.

23 Lamsenjoch, 1940 m – Binssattel, 1901 m

Genußrunde über der Betriebsamkeit der Eng

Alpengasthof Eng – Binsalm – Westliches Lamsenjoch – Hahnkampl – Binssattel – Binsalm – Alpengasthof Eng

Talort: Hinterriß, 931 m. Busverbindungen nach Lenggries (Bahnstation), Achenkirch und in die Eng.

Ausgangspunkt: Alpengasthof Eng, 1203 m; am Ende der Mautstraße von Hinterriß in prächtiger Bergumrahmung am Großen Ahornboden gelegen. Ausgangspunkt für zahlreiche Wanderungen und Spaziergänge. Monströse Parkmöglichkeiten.

Gehzeiten: Eng – Binsalm 1 Std., Binsalm – Westliches Lamsenjoch 1¼ Std., Westliches Lamsenjoch – Hahnkampl ½ Std., Hahnkampl – Binssattel ¼ Std., Binssattel – Binsalm ¾ Std., Binsalm – Eng ¾ Std.,

insgesamt 5 Std.

Höhenunterschied: 880 m.

Anforderungen: Durchgängig hervorragend markierte und gepflegte Wege. Einzig beim Anstieg zum Hahnkampl eine etwas heikle, jedoch durch ein Drahtseil entschärfte Stelle.

Einkehr und Unterkunft: Binsalm, 1503 m; privates Berggasthaus, zur Wandersaison voll bewirtschaftet. Lamsenjochhütte, 1953 m, ½ Std. jenseits des Westl. Lamsenjoches, AV-Hütte, bewirtschaftet ab Pfingsten bis Oktober.

Variante: Über das Westliche Lamsenjoch zur Lamsenjochhütte.

Dem »Ausflugs-Moloch« **Eng** mit seinen großräumigen Parkflächen entfliehen wir rasch auf dem für den öffentlichen Verkehr gesperrten Fahrweg zum Almdorf Eng, von dem ein Wirtschaftsweg in angenehmer Steigung hinaufführt zum Gasthaus **Binsalm**. Eine große Schleife dieser Fahrwege läßt sich gut

Überragt von der mächtigen Lamsenspitze präsentiert sich der zu überschreitende Hahnkampl im winterlichen Gewand.

abkürzen, indem wir gleich am Alpengasthof Eng (nach Überschreiten der Holzbrücke) einem steilen Pfad durch den Wald hinauf folgen.

Der Markierung zur Lamsenjochhütte folgend wandern wir von der Binsalm weiter auf der Almstraße, die sich mit der Zeit in einen Fußweg verwandelt, bis ins **Westliche Lamsenjoch**. Falls wir nicht den kurzen Abstecher zur Hütte unternehmen, wenden wir uns bereits hier am Joch scharf links, um den unscheinbaren Aussichtspunkt des **Hahnkampl** zu besteigen. Nach einer kurzen, etwas ausgesetzten Stelle ist der Gipfel rasch erreicht, wo wir die Aussicht auf die mächtige Lamsenspitze unbeschwert genießen können.

Ein kurzer Abstieg bringt uns anschließend in den **Binssattel**; hier treffend wir auf den Verbindungsweg vom Gramai-Hochleger zur Binsalm, auf dem wir über Geröll und durch Latschenfelder weiter zur **Binsalm** absteigen. Hier schließt sich unsere Runde, und gemeinsam mit den zahllosen Spaziergängern und Kaffee-Ausflüglern bummeln wir gemütlich über den Fahrweg zum Almdorf **Eng** und hinaus zum Alpengasthof, wo wir uns – etwas widerwillig – in den Massentourismus aufsaugen lassen müssen.

24 Gamsjoch, 2452 m

Konditionstest über zwei Jöcher auf einen großen Karwendelgipfel

Alpengasthof Eng – Hohljoch – Gumpenjöchl – Gamsjoch

Talort: Hinterriß, 931 m. Busverbindungen nach Lenggries (Bahnstation), Achenkirch und in die Eng.

Ausgangspunkt: Alpengasthof Eng, 1203 m; am Ende der Mautstraße von Hinterriß in prächtiger Bergumrahmung am Großen Ahornboden gelegen. Ausgangspunkt für zahlreiche Wanderungen. Monströse Parkmöglichkeiten.

Gehzeiten: Alpengasthof Eng – Laliders-alm Hochlager am Hohljoch 2 Std., Hohljoch – Gumpenjöchl ¾ Std., Gumpenjöchl – Gamsjoch 1½ Std., Abstieg zur Eng 2 Std., insgesamt 6 – 7 Std.

Höhenunterschied: 1249 m.

Anforderungen: Anstrengende Bergtour mit zahlreichen steilen Stellen. Besonders beim Anstieg vom Gumpenjöchl zum Gipfel auch Trittsicherheit erfordernde Passagen. Unterwegs keine Einkehrmöglichkeit.

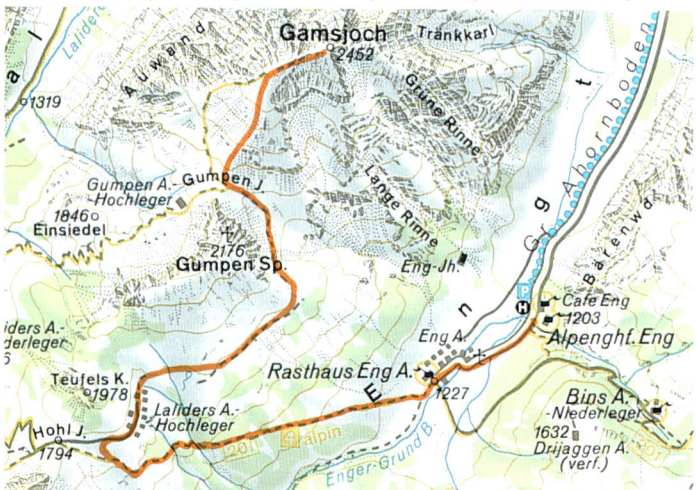

Am Alpengasthof **Eng** wandern wir fast eben hinter zum Almdorf Eng, an dessen Ende, kurz vor einer Brücke über den Bach, nach rechts der hervorragend markierte und beschilderte Wanderweg Nr. 201 zur Falkenhütte abzweigt. Zunächst sanft ansteigend über Wiesen, dann etwas steiler durch lichten Wald und abschließend wieder über freie Wiesen gelangen wir – oft mit Hundertschaften von Gleichgesinnten – unter das **Hohljoch**. Schon vor dem Joch erblicken wir rechts den Hochleger der **Lalidersalmen**, auf den wir gleich direkt über Almweiden und zuletzt auf einer Almstraße zuhalten. Und siehe da, kaum haben wir den Trampelpfad verlassen, schon wird's ruhiger.

Selbst von der Falkenhütte, im Nahbereich der dominanten Laliderer Wände, zieht das scheinbar geometrisch abgezirkelte Gamsjoch zahlreiche Blicke auf sich.

Haben wir dann erst das sehenswerte Almdorf durchschritten, dann wird uns kaum mehr jemand auf den Fersen bleiben. Anfangs scheint dies auch kaum verwunderlich, denn während am Beginn der meist sumpfigen Almwiesen noch ein rot-weiß bepinselter Markierungsstab den rechten Weg verheißt, verliert sich dieser bereits in kürzester Zeit zwischen einer Unmenge von Viehspuren im morastigen Boden. Trotz Sumpf und fehlendem Weg fällt die Orientierung aber recht leicht: Wir queren in annähernd gleichbleibender Höhe, zuletzt leicht fallend südlich um die Gumpenspitze herum auf eine erst zum Schluß auffallende Geländekante zu. Dahinter, in nunmehr trockenem Gelände, quert ein rasch auszumachendes Steiglein die steilen Hänge zum **Gumpenjöchl**.

Dort wenden wir uns nach rechts, um an dem vom Gamsjoch in grob südlicher Richtung abstreichenden Rücken ein nur sanft ansteigendes Hochplateau und über dieses den Südwestgipfel des **Gamsjoches** zu erreichen. Hier können wir getrost auf den nur wenig höheren Hauptgipfel verzichten, steht uns doch nach verdienter Rast noch ein anstrengender Abstieg bevor, an dessen Ende in der Eng so mancher seinen »Knieschnackler« weghaben wird.

25 Falkenhütte, 1846 m

Beliebte Wanderung unter alpinhistorisch bedeutsamen Felswänden

Alpengasthof Eng – Hohljoch – Falkenhütte

Talort: Hinterriß, 931 m. Busverbindungen nach Lenggries (Bahnstation), Achenkirch und in die Eng.
Ausgangspunkt: Alpengasthof Eng, 1203 m; am Ende der Mautstraße von Hinterriß in prächtiger Bergumrahmung am Großen Ahornboden gelegen. Ausgangspunkt für zahlreiche Wanderungen.
Gehzeiten: Alpengasthof Eng – Hohljoch 2 Std., Hohljoch – Falkenhütte ½ Std., Falkenhütte – Hohljoch ½ Std., Hohljoch – Eng 1 Std., insgesamt 4 – 4½ Std.
Höhenunterschied: 740 m.
Anforderungen: Leichte, wenig anstrengende Bergwanderung, die auch für Kinder gut geeignet ist, da sie in dem weitgehend ungefährlichen Gelände zahlreiche

Möglichkeiten zum unbeschwerten »Herumtollen« finden.
Einkehr und Unterkunft: Falkenhütte, 1846 m, beeindruckend gegenüber den riesigen Laliderer Wänden gelegen. Eine Nächtigung und Beobachtung des Sonnenaufgangs an der berühmten Herzogkante ist sehr zu empfehlen. Bewirtschaftet Pfingsten – Oktober.
Variante: Wem der Rummel etwas zuviel wird, der steige ins Laliderer Tal ab und gleich jenseits wieder hinauf zum Gumpenjöchl. Die ersehnte Einsamkeit wird er dort finden. Rückkehr südlich um die Gumpenspitze herum ins Hohljoch (s. Tour 24), insgesamt 2½ – 3 Std. von der Falkenhütte ins Hohljoch.

Am Alpengasthof **Eng** wandern wir auf einem Fahrweg fast eben das Tal hinein zum Almdorf Eng. An dessen Ende, kurz vor einer Brücke über den Bach, zweigt nach rechts der hervorragend markierte und beschilderte Wanderweg Nr. 201 zur Falkenhütte ab. Zunächst sanft ansteigend über Wiesen, dann etwas steiler durch lichten Wald und abschließend wieder über freie Wiesen gelangen wir – oft mit Hundertschaften von Gleichgesinnten – unter das **Hohljoch**. War unsere Tour bislang von den kontrastreichen Nahblicken

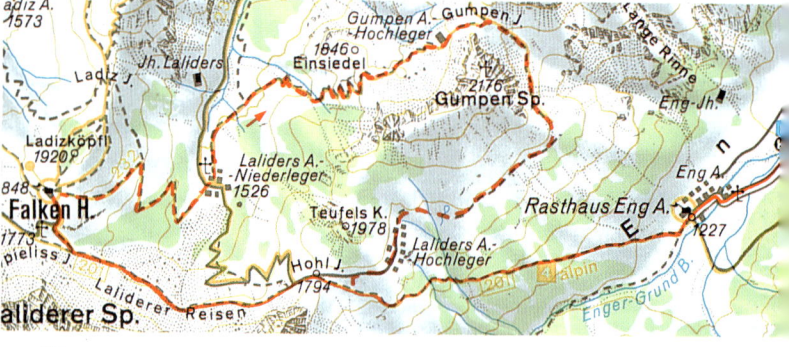

Wenn das Karwendel am schönsten ist: Herbststimmung beim Anstieg zum Hohljoch.

über grüne Matten und Wälder hin zu den himmelstrebenden, 1000 m hohen Nordwänden zwischen Dreizinken- und Spritzkarspitze geprägt, steigern sich die Eindrücke hier oben immer mehr: Links des begrünten Hohljochs zieht, einem umgedrehten Schiffsbug nicht unähnlich, der gewaltige Grubenkarpfeiler empor. Mit jedem Schritt dem nahen Joch entgegen wachsen aus dem grünen Horizont die jenseitigen Laliderer Wände höher empor, bis wir oben angekommen in die gesamte Arena dieses felsigen Amphitheaters schauen können.

Am Weiterweg, erst leicht fallend und dann wieder sanft ansteigend, über die Laliderer Schuttreissen hinüber zum Spielissjoch und zur nahen **Falkenhütte** sollten wir uns Zeit lassen, um immer wieder aufzublicken in diese wilden Felsgemäuer, in denen Klettergeschichte geschrieben wurde: Seit den 30er Jahren haben sich hier immer die besten Kletter der verschiedenen Generationen versucht und verewigt mit Routen, deren klingende Namen einen hohen Stellenwert – vergleichbar mit den Drei Zinnen oder der Brenta – bei der kletternden Zunft haben. Heute jedoch hört man selten Seilkommandos aus den Laliderer Wänden und sensationslüsterne Beobachter müssen häufig unverrichteter Dinge wieder abziehen, denn in Zeiten des Sportkletterns ist es still geworden um die abenteuerlichen Fahrten im Karwendelfels.

26 Mahnkopf, 2093 m

Stille Aussichtskanzel über dem Laliderer Tal

Parkplatz Laliderer Tal – Lalidersalm Niederleger – Falkenhütte – Mahnkopf

Talort: Hinterriß, 931 m. Busverbindungen nach Lenggries (Bahnstation), Achenkirch und in die Eng.
Ausgangspunkt: Parkplatz Laliderer Tal, ca. 1000 m; etwa 9 km nach Hinterriß an der Mautstraße in die Eng gelegen.
Gehzeiten: Parkplatz Laliderer Tal – Lalidersalm Niederleger 1¾ Std., Lalidersalm – Falkenhütte ¾ Std., Falkenhütte – Mahnkopf ¾ Std., Abstieg durch das Laliderer Tal zum Parkplatz 2 Std., insgesamt etwa 5 – 6 Std.
Höhenunterschied: 1094 m.
Anforderungen: An sich wenig schwierige Tour, die aber infolge ihrer Länge etwas Kondition verlangt.
Einkehr und Unterkunft: Falkenhütte, 1846 m, beeindruckend gegenüber den riesigen Laliderer Wänden gelegen. Eine Nächtigung ist wegen der herrlichen Morgen- und Abendstimmungen hier oben sehr zu empfehlen. Bewirtschaftet Pfingsten – Oktober. Alpenvereinshütte.

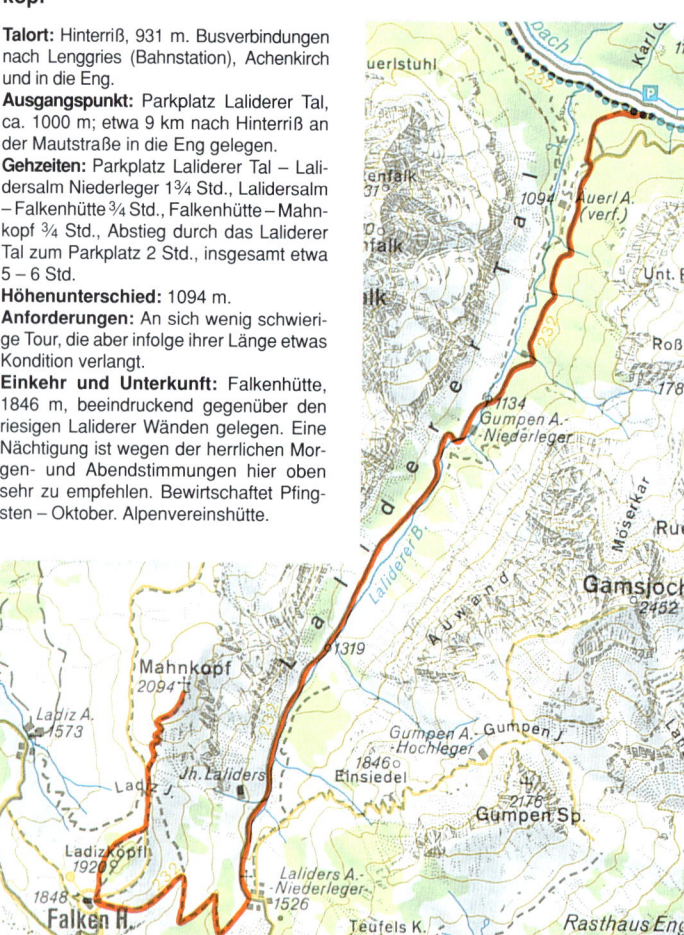

Unterwegs am Mahnkopf: Die senkrechten Laliderer Wände in der Morgensonne.

Weit schwieriger ist es, auf Anhieb den richtigen Ausgangspunkt für diese Tour zu finden, als sich später im Gelände zu orientieren. Vom Parkplatz **Laliderer Tal** wandern wir also auf der einzigen Forststraße in südlicher Richtung in das eng und tief zwischen Falken- und Gamsjochgruppe eingeschnittene Tal hinein. Im Vergleich zum Johannis- oder Enger Tal ist es hier noch ziemlich ruhig geblieben. Nach etwa 40 Minuten überqueren wir den Laliderer Bach auf einer Brücke zum jenseitigen Ufer, wo wir bald auf die verfallene Gumpenalm treffen. In gleichmäßig sanfter Steigung ziehen wir nun immer auf der rechten Talseite längs der Forststraße hinein zum idyllisch unter den Laliderer Wänden gelegenen **Almdorf Laliders**. Noch vor den ersten Hütten zweigt rechts ein markierter Pfad ab, den wir zur **Falkenhütte** hinauf verfolgen. Rechts an der Hütte vorbei halten wir nun auf die latschenbestandene Mini-Erhebung des Ladizköpfels zu, die wir beidseitig umgehen können. Nach einem kurzen Abstieg ins Ladizjöchl geht es für heute eindeutig das letzte Mal merklich bergauf: zwischen Latschen hindurch und zuletzt über borstiges Gras auf den großartigen Aussichtshügel des **Mahnkopfes**.

27 Karwendelhaus, 1765 m

Je nach Wunsch Auftakt zu einer Zwei- bis Drei-Tagestour

Gasthaus Herzoglicher Alpenhof – Johannistalalm – Kleiner Ahornboden – Hochalmsattel – Karwendelhaus

Talort: Hinterriß, 931 m. Einzige ganzjährig bewohnte Siedlung im Innern des Karwendelgebirges; zahlreiche Wandermöglichkeiten zwischen Nördlicher Karwendelkette und den Vorbergen. Busverbindungen nach Lenggries (Bahnstation), Achenkirch und in die Eng.

Ausgangspunkt: Gasthaus Herzoglicher Alpenhof, 942 m; wenige hundert Meter östlich von Hinterriß an der Mautstelle der Straße in die Eng gelegen. Parkplatz.

Gehzeiten: Herzoglicher Alpenhof – Kleiner Ahornboden 2 – 2½ Std., Kleiner Ahornboden – Hochalmsattel 1¼ Std., Hochalmsattel – Karwendelhaus 10 Min., Abstieg zum Alpenhof 2½ Std., insgesamt etwa 6 – 6½ Std.

Höhenunterschied: 860 m.

Anforderungen: Bei der Querung des Luchseck- und Talelegrabens noch vor der Johannistalalm etwas Gewandtheit erforderlich, ansonsten leichte Bergwanderung.

Einkehr und Unterkunft: Herzoglicher Alpenhof im Rißtal, 942 m, ganzjährig bewirtschaftet; Karwendelhaus, 1765 m; Alpenvereinshütte, bewirtschaftet von Pfingsten bis Oktober.

Variante: Der Anstieg vom Alpenhof zur Johannistalalm kann auch vom Parkplatz am Ortsende von Hinterriß aus erreicht werden (+ ¼ Std.).

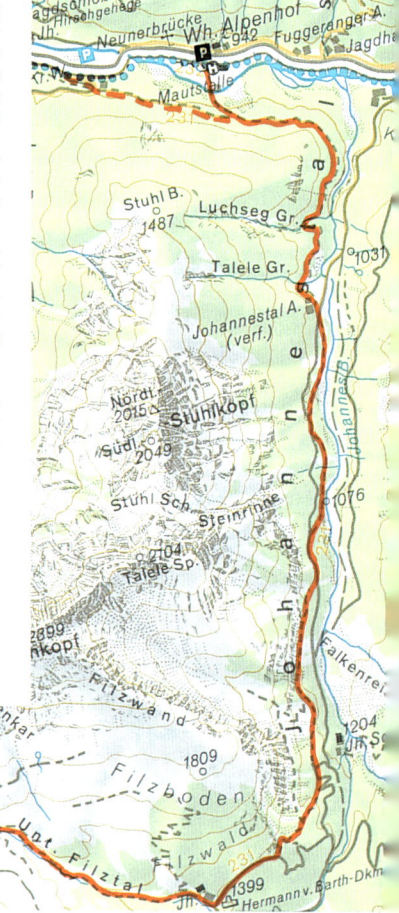

»Unterwegs im Lande Mordor«: Am Hochalmsattel kurz nach Sonnenaufgang.

Um der monoton zu begehenden Forststraße ins Johannistal auszuweichen, wählen wir als Ausgangspunkt den **Herzoglichen Alpenhof**. Über Wiesen erreichen wir den Rißbach, den wir mittels einer Brücke überqueren. Jenseits verschwindet der markierte Pfad rasch im Wald und führt steil empor zu einem Wirtschaftsweg. Diesem folgen wir nach links bis zu seinem Ende und in der Folge wieder dem markierten Steig, einige etwas abschüssige Gräben querend, bis zur verfallenen **Johannistalalm**, von der man einen herrlichen Blick auf die jenseits des Tales steil emporragende Falkengruppe hat. In leichtem Abstieg ist schon bald die Fahrstraße im Johannistal erreicht, auf der wir nur kurz taleinwärts gehen, um dann einen abwechslungsreichen Pfad nahe der Straße bis in den Talhintergrund zu benützen. So gelangen wir recht mühelos, zuletzt doch auf der Fahrstraße, zu den beiden idyllischen Jagdhütten am **Kleinen Ahornboden**. Hier wenden wir uns westwärts, um durch das schwach ausgeprägte Filztal – immer den wuchtigen Aufbau der Birkkarspitze vor Augen – den breiten **Hochalmsattel** zu gewinnen. In wenigen Minuten steigen wir nun jenseits zum **Karwendelhaus** ab. Obgleich der Rückweg ins Rißtal problemlos noch am gleichen Tag zu bewältigen ist, sollten wir lieber in der gastlichen Hütte nächtigen, um anderntags die Birkkarspitze zu besteigen oder auch nur, ganz Auge und Ohr, gemütlich zur Falkenhütte zu schlendern.

28 Birkkarspitze, 2749 m

Auf den höchsten Karwendelgipfel

Karwendelhaus – Schlauchkar – Birkkarspitze

Talort: Hinterriß, 931 m. Busverbindungen nach Lenggries (Bahnstation), Achenkirch und in die Eng.
Ausgangspunkt: Karwendelhaus, 1765 m; stattliches Alpenvereinshaus, bewirtschaftet von Pfingsten bis Mitte Oktober. Von Hinterriß / Herzoglicher Alpenhof zu Fuß in 3 – 4 Std. erreichbar.
Gehzeiten: Karwendelhaus – Birkkarspitze 3 Std., Birkkarspitze – Karwendelhaus 1½ Std., mit dem Abstieg nach Hinterriß kommt eine satte Tagestour von etwa 7 Std. zusammen.
Höhenunterschied: 984 m, insgesamt 1804 m Abstieg zum Alpenhof.

Anforderungen: Die Besteigung der Birkkarspitze ist ein hochalpines Unterfangen mit allen damit verbundenen Risiken. Da das Schlauchkar bis in den Sommer hinein steile Altschneefelder aufweist, können Leichtsteigeisen durchaus von großem Nutzen sein. Es sollte jedem klar sein, daß ein Sturz auf hartgefrorenem Schnee oftmals fatale Folgen hat.
Einkehr und Unterkunft: Karwendelhaus.
Variante: Trittsichere Wanderer werden auf dem teilweise versicherten Brendelsteig die Ödkarspitzen überschreiten und durch das Schlauchkar absteigen.

Eins vorweg: Obwohl wir (hoffentlich) gut gerüstet und ausgeruht das **Karwendelhaus** verlassen, wird der Gang durch das Schlauchkar ein beschwerlicher Weg durch mühsames Geröll werden, zwei Schritte vor, einer zurück. Doch nun im Einzelnen: Wir verlassen die Hütte Richtung Hochalmsattel, um gleich hinter einem Nebengebäude nach rechts (beschildert und markiert) die steilen Hänge in engen Kehren hinaufzusteigen. Es folgt eine Querung zwischen Lawinenschutzbauten hindurch in die SW- und S- Hänge des Hochalmkreuzes. Immer in grob südöstlicher Richtung gelangen wir so all-

Ein herrlicher Zapfen: Die Kaltwasserkarspitze vom Sattel unterhalb der Birkkarspitze.

mählich in das **Schlauchkar** hinein. Zunächst erweist sich der Weg zwischen groben Blöcken hindurch auch noch als relativ angenehm, wenngleich nicht sonderlich genußreich. Erst bei einer leichten Biegung unterhalb des Schlauchkarkopfes geht es dann zur Sache: Die Hänge steilen nun bis zum Schlauchkarsattel kontinuierlich auf, das Geröll wird immer feiner und das Schlauchkar macht seinem Namen alle Ehre. In der Einsattelung angelangt fallen dann aber alle Mühen von uns ab, scheinbar grenzenlos reicht das Panorama von den Hohen Tauern bis zu den Ötztaler Alpen und im Norden bis in das Bayerische Voralpenland hinaus. Wir wenden uns nach links, um an einigen nicht sonderlich vertrauenserweckenden Versicherungen, vorbei an der kleinen Unterstandshütte, den höchsten Gipfel des Karwendel, die **Birkkarspitze**, in leichter Kraxelei zu erreichen.

29 Kleiner Ahornboden – Falkenhütte, 1846 m

Idyllisch und grandios zugleich: Vom Karwendelhaus durch den Kleinen Ahornboden und den Sauisswald zur Falkenhütte

Karwendelhaus – Hermann-von-Barth-Denkmal – Falkenhütte – Hinterriß

Talort: Hinterriß, 931 m. Busverbindungen nach Lenggries (Bahnstation), Achenkirch und in die Eng.

Ausgangspunkt: Karwendelhaus, 1765 m; stattliches Alpenvereinshaus, bewirtschaftet von Pfingsten bis Mitte Oktober. Von Hinterriß / Herzoglicher Alpenhof zu Fuß in 3 – 4 Std. erreichbar.

Gehzeiten: Karwendelhaus – Hermann-von-Barth-Denkmal 1¼ Std., Denkmal – Falkenhütte 1¼ Std., Falkenhütte – Herzoglicher Alpenhof / Hinterriß 2½ Std., insgesamt 5 Std.

Höhenunterschied: 481 m.

Anforderungen: Leichte und genußreiche Wanderung mit nur wenigen Aufstiegs-Höhenmetern.

Einkehr und Unterkunft: Karwendelhaus; Falkenhütte, 1846 m, bewirtschaftet Pfingsten – Oktober. Alpenvereinshütten.

Variante: Wer etwas Zeit zur Verfügung hat, sollte diese Tour mit den beiden vorherigen kombinieren und nach dem alpinen Höhepunkt an der Birkkarspitze ruhig noch einmal im Karwendelhaus nächtigen, um tags darauf ausgeruht diese Genußrunde zu drehen, ehe er ins Tal absteigt.

Vom **Karwendelhaus** (s. Tour 27) steigen wir in ¼ Stunde auf dem Fahrweg zum Hochalmsattel auf. Ab hier verfolgen wir die Straße noch über die ersten Almmatten in östlicher Richtung hinab, bis linker Hand der Fußweg durch das

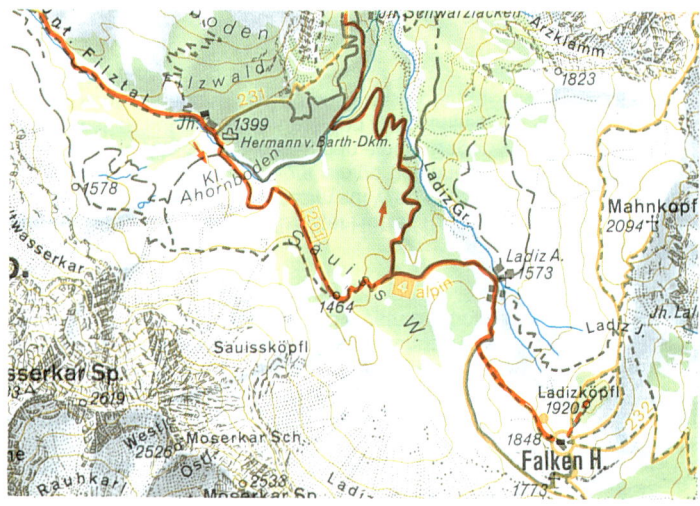

*Ein Parademotiv des Karwendel: die frisch verschneite Birkkarspitze über dem hoch-
sommerlich grünen Kleinen Ahornboden.*

Filztal zu den malerischen Jagdhäusern am Kleinen Ahornboden abzweigt.
Dort angelangt sollten wir unbedingt eine kurze Rast einlegen und den
großartigen Kontrast zwischen den uralten, erstaunlicher Weise immer noch
grünenden Ahornbäumen, den abweisend grauen Felswänden und dem
verwitterten Braun der Holzhäuser auf uns wirken lassen.
Danach halten wir uns auf einem Fahrweg, vorbei am **Hermann-von-Barth-
Denkmal**, und durchschreiten immer der Markierung 201 folgend den Kleinen
Ahornboden. Dabei wechseln wir einmal kurz über die Wiese von einer
Almstraße auf die andere. Zweitere quert dann noch eine Schuttreisse, ehe
sie in den Sauisswald hineinführt. Wir überschreiten nun immer auf der Straße
einige bewaldete Rücken, ehe wir auf der anderen Seite nahe der Ladizalm
wieder ins helle Sonnenlicht treten. Ohne die Almen direkt zu berühren biegen
wir nach Süden ein und gelangen im Bogen – auf die von der Laliderer Spitze
herabspringende scharfe Herzogkante zu – auf das Spielissjoch. Über zwei
Serpentinen nach Norden zur **Falkenhütte**.
Beim Abstieg kehren wir zunächst an den Ladizalmen vorbei in den Sauisswald zurück. Dort zweigt rechter Hand eine Fahrstraße ins Johannistal ab,
durch das wir schließlich nach **Hinterriß** hinaus wandern.

Tourenbereich Achenkirch – Pertisau

Das Karwendel wird im Osten durch die tiefe Furche des Achentales mit dem darin eingebetteten, etwa neun Kilometer langen und einen Kilometer breiten Achensee von den Bergen des Rofan und der Brandenberger Alpen getrennt. Das in Nord-Süd-Richtung verlaufende Tal stellt sicherlich eine der reizvollsten Möglichkeiten dar, um aus dem oberbayerischen Raum ins Inntal zu gelangen. Während im nördlichen Bereich zwischen dem Grenzübergang Achenpaß und der Einmündung des Schwarzenbachtales Wald an den eng zusammengerückten Berglehnen dominiert, weitet sich das Tal bei Achenkirch, und vor uns

Zeit für neue Ziele: Der Hauptkamm und die Gamsjochgruppe im strahlenden Morgenlicht beim Anstieg zur Bettlerkarspitze.

breitet sich eine Ferien- und Urlaubslandschaft par excellence aus, deren kontrastreicher Charakter durch das Nebeneinander von See und Bergen bestimmt wird.

Entsprechend reichlich touristisch (über-)erschlossen und verdrahtet präsentieren sich natürlich auch die drei Hauptorte des Tales: Achenkirch, Maurach und Pertisau. Dem modernen »Sport-Outlaw« wird hier alles angeboten, was sein freizeitgestresstes Herz höher schlagen läßt: Tennis, Golf, Dampfbad, Surfen, Mountainbiking, Paragliding, Drachenflug und natürlich sämtliche (un-)zeitgemäßen Spielarten des Wintersports.

Der beschauliche Tourist kann es natürlich auch um einiges gemütlicher haben, beispielsweise, indem er von Jenbach im Inntal mit der romantischen, dampfgetriebenen Zahnradbahn, der ältesten Europas übrigens, an den Achensee heraufzuckelt und an der Endstation am Seespitz in eines der Linienboote der Achenseeschiffahrt zur Seerundfahrt umsteigt.

Für den Wanderer und Bergsteiger wird ein über weite Strecken hervorragend markiertes und gepflegtes Wegenetz unterhalten. Besonders die auf Mautstraßen zu befahrenden Karwendeltäler (Falzthurn- und Gerntal) zur Gramai- und Gernalm eröffnen großartige Möglichkeiten zu Überschreitungen und Rundtouren. Die leicht erwanderbaren Übergänge über den Plumssattel und das Westliche Lamsenjoch schaffen die Verbindung ins Rißtal und zur Eng. Mit etwas Phantasie und Kondition können hier problemlos weitschweifige Rundtouren unternommen werden.

30 Hochplatte, 1815 m

Leichte Almwanderung mit oder ohne Gipfeleinlage

Talstation Christlumbahnen – Seewaldhütte – Hochplatte – Seewaldhütte – Kleinzemmalm – Talstation Christlumbahnen

Talort: Achenkirch, 922 m; sommers wie winters beliebter Ferienort, einige Kilometer nördlich des Achensees gelegen. Busverbindungen mit München, Tegernsee und Jenbach.
Ausgangspunkt: Talstation der Christlumbahnen, etwa 940 m; ein wenig außerhalb, etwas westlich des Ortes. Bushaltestelle und Parkplatz.
Gehzeiten: Christlum-Talstation – Seewaldhütte 2 Std., Seewaldhütte – Hochplatte ¾ Std., Hochplatte – Seewaldhütte 20 Min., Seewaldhütte – Kleinzemmalm ½ Std., Kleinzemmalm – Christlum-Talstation 1 Std., insgesamt 4½ – 5 Std.
Höhenunterschied: 875 m.
Anforderungen: Genußreiche Almwanderung, ausschließlich auf befestigten Wegen.
Einkehr und Unterkunft: Seewaldhütte, einfache Bewirtung an Wochenenden von Juni bis Oktober, während der Sommerferien von Mitte Juli bis Mitte September auch wochentags.

Entsprechend dem voralpinen Charakter der umliegenden Berge werden wir bei dieser Wanderung nach einem nicht allzu langen Aufstieg unbeschwert von einer Alm zur anderen bummeln, wobei aber durchaus Abstecher zu verschiedenen Gipfeln möglich sind.

An den ausgedehnten Parkplätzen der **Christlumbahnen** überqueren wir auf einer Brücke den Unteraubach und halten uns jenseits auf dem Forstweg nur ganz kurz in das gleichnamige Tal hinein, ehe ein schmaler, aber gut markier-

Die Bründlalm am Anstieg zur Hochplatte; hinter den noch kahlen Bäumen ragen Sonntags- und Schreckenspitze in den blauen Frühlingshimmel.

ter und beschilderter Wanderweg nach rechts hin in den Wald abzweigt. Ihm folgen wir in einigen Serpentinen hinauf, bis wir auf einem Rücken die Almstraße treffen, die von Achenkirch zur Seewaldhütte führt. Sie bringt uns in mäßiger Steigung durch Mischwald zu den ersten freien Wiesen an der Bründlalm und im weiteren Verlauf an der Jochalm vorbei hinauf zur **Seewaldhütte**. Das kleine Haus gehört der Alpenvereinssektion Achensee und wird in der Wandersaison an Wochenenden (während der Sommerferien durchgehend) bewirtschaftet.

Während die Gipfelsammler unter uns noch auf die unbedeutende Kuppe der **Hochplatte** steigen (insgesamt gut eine Stunde hin und zurück), schlendern wir gemütlich südlich unter dem kleinen Gipfel hindurch zu den Hütten der **Kleinzemmalmen**.

Auf einem markierten Steig verlassen wir nun den Almkessel in südöstlicher Richtung und umrunden leicht fallend den vom Rether Kopf nach Osten abstreichenden Rücken. So gelangen wir in das hintere Unteraubachtal, wo wir auf einen Wirtschaftsweg stoßen, der vom Gröbner Hals herunterzieht und vorbei an der Hochstegenalm hinausführt bis nach Achenkirch zu den Talstationen der **Christlumbahnen**.

31 Pasillsattel, 1682 m – Schleimssattel, 1555 m

Einsame Rundtour mit weglosem Verbindungsstück

Pletzachalm – Pasillsattel – Juchtenkopf – Schleimssattel – Pletzachalm

Talort: Pertisau, 952 m; zu Beginn der Karwendeltäler am westlichen Ufer des Achensees gelegen.

Ausgangspunkt: Gasthaus Pletzachalm, 1040 m, an der Mautstraße ins Gerntal. Parkmöglichkeiten.

Gehzeiten: Pletzachalm – Pasillsattel 2 Std., Pasillsattel – Juchtenkopf ½ Std., Juchtenkopf – Schleimssattel ½ Std., Schleimssattel – Pletzachalm 1 Std., insgesamt 4 – 4½ Std.

Höhenunterschied: 790 m.

Anforderungen: Anspruchsvolle Wanderung mit einem weglosen, teilweise stark verwachsenen Abschnitt zwischen beiden Sätteln. Keine Einkehrmöglichkeiten.

Variante: Gipfelsammler werden nach dem Juchtenkopf noch die selten besuchte Hohe Gans über ihren steilen Südkamm »mitnehmen« (+ ¾ Std.).

Hinter der **Pletzachalm** führt ein schmaler, doch gut markierter Steig über die Wiesen nördlich in den Wald hinein. Bei kräftiger Steigung gewinnen wir dort rasch an Höhe, wobei wir mehrmals unter einer Materialseilbahn hindurchkreuzen; nach einer Lichtung erreichen wir den **Pasillsattel**. Hier beginnt nun das Pfadfinderspiel: Zunächst weglos nach Westen auf die unbedeutende Erhebung des **Juchtenkopfes**, dann kurz dem markanten Südkamm der Hohen Gans entgegen und nach links einschwenken über Matten und durch eine Rinne hinunter zur Überschüssalm. In Grundrichtung Südwest kommen wir nun schon bald zum **Schleimssattel**, an dem das kleine Abenteuer endet, und wir auf einem steilen Karrenweg hinab ins **Gerntal** wandern.

Die Montscheinspitze ragt östlich des Schleimssattels im frühwinterlichen Kleid auf.

32 Gütenbergalm, 1545 m

Interessante Alm- und Wiesenwanderung mit herrlichen Tiefblicken nach Pertisau und zum Achensee

Pletzachalm – Gütenbergalm – Feilalm – Pletzachalm

Talort: Pertisau, 952 m; zu Beginn der Karwendeltäler am westlichen Ufer des Achensees gelegener Fremdenverkehrsort. Busverbindung nach Maurach.

Ausgangspunkt: Gasthaus Pletzachalm, 1040 m, an der Mautstraße ins Gerntal. Parkmöglichkeiten.

Gehzeiten: Pletzachalm – Gütenbergalm 2 Std., Gütenbergalm – Feilalm $\frac{3}{4}$ Std., Feilalm – Pletzachalm $\frac{3}{4}$ Std., insgesamt $3\frac{1}{2}$ – 4 Std.

Höhenunterschied: 580 m.

Anforderungen: Nicht ganz einfache Almwanderung über steile Wiesen und schmale Pfade.

Einkehr: Gütenbergalm, 1545 m, Feilalm, 1372 m, und Pletzachalm, 1040 m.

Die Wanderung zur Gütenberg- und Feilkopfalm ist zwar nicht lang, führt aber zumindest teilweise über schmale und steile Pfade. Im Prinzip könnte man sie auch zu einem Wirthausbummel »verkommen« lassen, da jede der Almen, an der wir vorbeikommen, zumindest einfach bewirtschaftet ist.

Obgleich die **Pletzachalm** eigentlicher Ausgangs- und Endpunkt der Tour ist, sollten wir das Fahrzeug ruhig schon vor der Mautstelle in **Pertisau** abstellen, um zum Wohle der Natur per pedes ins Gerntal zu marschieren. Bereits etwa eineinhalb Kilometer westlich von Pertisau – wir haben die Abzweigung ins Falzthurntal und ein erstes Waldstück längs der Mautstraße bereits hinter uns gelassen – öffnet sich linker Hand eine Wiese, die sogenannte Tunigenwiese, an der die Almstraße zur Gütenbergalm nach Südosten hin abzweigt. Auf dieser umrunden wir immer leicht ansteigend den gesamten Stock des Feilkopfes und gelangen so zu den freien Wiesen der **Gütenbergalm**, die wir schließlich an einer Quelle vorbei erreichen. Bei einer ausgedehnten Rast genießen wir die herrlichen Ausblicke über den glitzernden Achensee hinweg auf den jenseits emporragenden Rofanstock. Und noch ein Tip: In weniger als einer halben Stunde können Sie von der Alm weglos in östlicher und nordöstlicher Richtung auf den Gütenbergsattel und den Gütenbergkopf steigen; auch dort ist es herrlich sitzen, zusätzlich werden die Blicke von hier oben auch in die urweltliche Einöde des Plumskares und der dahinter aufragenden Bettlerkarspitze wandern.

Zauberhafte Einblicke in die stille Einöde zwischen Schneeköpfen und Bettlerkarspitze gewährt der runde Wiesenbuckel oberhalb der Gütenbergalm.

Ob nun von hier oben oder von der Alm, der Weiterweg muß irgendwann doch angetreten werden. Wir wandern also mit geringem Höhenverlust östlich hinüber zum wenig ausgeprägten Feilkopf, an dessen baumfreiem Ostrücken wir zur **Feilalm** absteigen. Bereits hier können wir eine weitere Ruhepause einlegen, ehe wir der aus dem Tal heraufführenden Straße abwärts folgen. An einer Wegverzweigung halten wir uns links, um unter der Materialseilbahn der Alm hindurch in grob nordwestlicher Richtung zwei markante Bachgräben querend ins Gerntal hinein abzusteigen. An der dortigen Mautstraße angelangt wenden wir uns nach rechts und bummeln gemütlich, an der linksseits der Straße gelegen **Pletzachalm** vorbei, hinaus nach **Pertisau**. Insgesamt verlängert sich die Tour um etwa 1 Std., wenn das Auto im Ort stehenbleibt.

33 Sonnjoch, 2458 m

Wildromantischer und einsamer Anstieg in beeindruckender Umgebung

Falzthurntal – Bärenlahnersattel – Sonnjoch – Gramaialm – Falzthurntal

Talort: Pertisau, 952 m; zu Beginn der Karwendeltäler am westlichen Ufer des Achensees gelegener Fremdenverkehrsort. Busverbindung nach Maurach.

Ausgangspunkt: Falzthurntal, etwa 1070 m. Ca. 7 km südöstlich von Pertisau befinden sich, direkt an der Ausmündung des Bärentales, vor einem Weiderost einige Parkmöglichkeiten (Wegweiser zum Bärenlahner).

Gehzeiten: Falzthurntal – Bärenlahnersattel 2½ Std., Bärenlahnersattel – Sonnjoch 1½ Std., Sonnjoch – Gramaialm Hochleger 1¼ Std., Gramaialm Hochleger – Falzthurntal 1¼ Std., insgesamt 6½ Std.

Höhenunterschied: 1390 m.

Anforderungen: Durchwegs steiler und schwieriger Anstieg. Trittsicherheit und Schwindelfreiheit erforderlich, am Kamm zwischen Bärenlahnersattel und Gipfel Stellen I. Gut markierte aber kaum ausgetretene Steige, am Kamm teils weglos.

Einkehr und Unterkunft: Gramaialm Hochleger, 1756 m, Gasthaus Gramai, 1265 m, beide in den Sommermonaten bewirtschaftet.

Schon während der Fahrt am östlichen Achenseeufer entlang fällt bei einem Blick in die Karwendeltäler im Hintergrund des Falzthurntales das Sonnjoch als beherrschende Berggestalt ins Auge. Kaum vorstellbar, daß der Gipfel, noch dazu von dieser Seite, auf einem für Geübte nicht zu schwierigen Weg erreichbar ist. Nachdem wir also bei der weiteren Anfahrt im **Falzthurntal** die geeignete Parkmöglichkeit gefunden haben, was gar nicht so einfach ist, wenden wir uns der Beschilderung folgend ins Bärental hinein. Anfangs noch

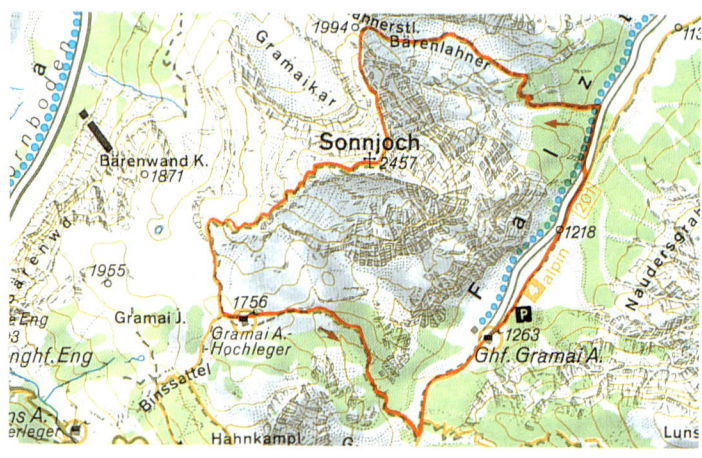

Schon der Anblick aus dem spätherbstlich verschneiten Falzthurntal beweist, daß der Anstieg auf das Sonnjoch nicht leicht ist. Doch für dieses Jahr ist es ohnehin zu spät.

dem oftmals versiegenden Bachlauf entlang gelangen wir schon bald in steiles Terrain. Hier zweigt der Pfad nach rechts durch hohes Gras in den Mischwald hinein ab und führt in steilen Serpentinen bergan; weiter oben betreten wir dann wieder freie Hänge. Erneut droht stellenweise Gras den Steig zu überwuchern, doch entlang der zahlreichen Markierungen können wir nicht fehlgehen. Allmählich setzt sich ohnehin schotteriger Untergrund durch, bis wir den zwischen den wilden Felsburgen der Schaufelspitze und des Sonnjochs tief eingeschnittenen **Bärenlahnersattel** erreichen.

Hier wenden wir uns nun nach Süden hin über den begrünten Rücken auf das Sonnjoch zu. Teilweise verlieren sich die Markierungen, doch eine gut auszumachende Steigspur führt weiter durch Schutt, einmal kurz in die westliche Flanke absteigend, dann wieder hinauf zum Kamm. Zuletzt queren wir durch die linksseitige Flanke zum Ostgrat und gelangen über ihn auf das **Sonnjoch**. Alles in allem ein Weg für Könner und nichts für schwache Nerven.

Der Abstieg hingegen gestaltet sich etwas weniger problematisch: Ein gut ausgetretener Steig leitet über die steilen Westhänge hinunter zum **Gramai Hochleger.** Hier erreichen wir die Forststraße, auf der wir hinunter zum Gasthaus Gramai und talauswärts zum Parkplatz im **Falzthurntal** schlendern.

34 Rappenspitze, 2223 m

Großzügige Rundtour mit einem rasanten Abstieg über eine Schuttreisse

Falzthurnalm – Rappenspitze – Lunstsattel – Gramaialm – Falzthurnalm

Talort: Pertisau, 952 m; zu Beginn der Karwendeltäler am westlichen Ufer des Achensees gelegener Fremdenverkehrsort. Busverbindung nach Maurach.
Ausgangspunkt: Falzthurnalm, 1089 m; etwa 5 km südwestlich von Pertisau an der Mautstraße ins gleichnamige Tal.
Gehzeiten: Falzthurnalm – Rappenspitze 3½ Std., Rappenspitze – Lunstsattel 1¼ Std., Lunstsattel – Gramaialm 1 Std.,

Gramaialm – Falzthurnalm ¾ Std., insgesamt 6½ – 7 Std.
Höhenunterschied: 1135 m.
Anforderungen: Mäßig schwierige Wanderung, allerdings mit steilen und nicht zu unterschätzenden Stellen (I) am Gipfelaufbau. Insgesamt lang und anstrengend.
Einkehr: Gramaialm, 1263 m, und Falzthurnalm, 1089 m; während der Öffnungszeiten der Mautstraße bewirtschaftet.

An der **Falzthurnalm** führt der markierte Weg 234 nach Süden hinein in den Wald und dort in Kehren aufwärts. Wir gewinnen somit rasch an Höhe und gelangen schon bald nach Osten hin in das zwischen Dristkopf und Hirschen-

Beliebt und doch nicht überlaufen: Der Anstieg zur Rappenspitze.

steigkopf eingeschnittene Legertal. Durch dieses hinauf und an der Dristlalm vorbei in eine seichte Einschartung südöstlich unter dem Dristlköpfl. Von hier nun queren wir zuerst leicht fallend, dann wieder stetig ansteigend oberhalb felsiger Abbrüche in das Nauderer Kar, aus dem wir in die begrünte, breite Einschartung zwischen Kaserjochspitze (links) und Rappenspitze (rechts) kommen. Über Grasmatten folgen wir dem schmalen Steig nach Westen hinauf zum Kamm und erreichen von Süden her den Gipfel der **Rappenspitze**. Zurück am Kaserjoch steigen wir um den markanten Südgrat der Rappenspitze herum zur Naudersalm ab, um durch einen ausgeprägten Graben hindurch den Gegenanstieg zum Rizuelhals in Angriff zu nehmen. Hier zweigen wir rechts vom breiten Weg ab und wandern beinahe eben hinüber zum **Lunstsattel**. Der weitere Abstieg über die ausgedehnten Schuttreissen hinab in den Gramaier Grund läßt sich (abfahrend) recht schnell bewältigen. Vorbei an der **Gramaialm** marschieren wir nun noch über Wiesen (markierter Weg 201) größtenteils abseits der Mautstraße hinaus zur **Falzthurnalm**.

35 Stanser Joch, 2102 m

»Schauinsland« hoch über dem Inntal

Karwendelbahn Bergstation am Zwölferkopf – Bärenbadalm – Stanser Joch – Heiterlahnalm – Seespitz

Talort: Pertisau, 952 m; am westlichen Ufer des Achensees gelegener Fremdenverkehrsort. Busverbindung nach Maurach. Parkplätze an der Karwendelbahn.

Ausgangspunkt: Bergstation der Karwendelbahn am Zwölferkopf, 1490 m.

Gehzeiten: Zwölferkopf – Bärenbadalm 20 Min., Bärenbadalm – Stanser Joch 1¾ Std., Stanser Joch – Heiterlahnalm ¾ Std., Heiterlahnalm – Seespitz 1¼ Std., insgesamt 4 – 5 Std.

Höhenunterschied: 545 m.

Anforderungen: Wenig schwierige Tour, aber keine Einkehrmöglichkeit.

Variante: Von der Bärenbadalm auf den Bärenkopf und anschließend durch das Weissenbachtal zum Seespitz absteigen (insgesamt 3½ – 4 Std.).

Um aus dem Inntal auf diese Aussichtsloge zu gelangen, sind 1500 schweißtreibende Höhenmeter zu überwinden. Wir hingegen nähern uns dem Stanser Joch genußreich von einem höher gelegenen Ausgangspunkt. Von

Spätherbst am Stanser Joch: Weit reicht der Blick über den Rofan zum Wilden Kaiser.

Pertisau surren wir mit der Gondel auf den **Zwölferkopf**, wo uns ein kurzer Abstieg zur **Bärenbadalm** erwartet. Dort angelangt beginnt der nordseitige Anstieg über einen ausreichend markierten Pfad durch den Weissenbachsattel und über den rechten Begrenzungsrücken des gleichnamigen Kares hinauf zum flachen Gipfelkamm, über den wir nach Osten hin das Stanser Joch erreichen. Hier kann man stundenlang sitzen und hinunterschauen auf den glitzernden Achensee oder auf das ameisengleiche »Wuseln« tief unten im Inntal.

Zunächst enthebt uns der Abstieg nicht der herrlichen Ausblicke, bleiben wir doch noch einige Zeit an dem ostwärts abstreichenden Gipfelkamm. Erst bei einer Weggabelung zweigen wir links ab und und steigen steil in zahlreichen Kehren über die **Heiterlahnalmen** ins Tiefental ab, wo wir einem Fahrweg hinüber ins Weissenbachtal und hinaus zum **Seespitz** folgen.

Tourenbereich Schwaz – Hall – Innsbruck – Zirl

Das Inntal zwischen Jenbach, gegenüber der Ausmündung des Zillertales gelegen, und Zirl an der Auffahrt nach Seefeld markiert die natürliche südliche Begrenzung der Karwendelberge. Über den Häusern von Innsbruck reihen sich die Gipfel noch einmal wie an einer Perlenschnur am langen Höhenzug der Nordkette auf – nur aus Innsbrucker Sicht trifft diese Bezeichnung auf die Berge zwischen Solsteinen und Rumerspitze wirklich zu. Dahinter laufen die langen Bergzüge der Gleiersch-Halltal-Kette und des Hinterautal-Vomper-Kammes, die bei Scharnitz ihren Ausgang nehmen und sich zu den höchsten Gipfeln des Karwendel aufschwingen, in der Umgebung von Schwaz langsam aus.

Besonders die aus Innsbruck zur Seegrube und weiter zum Hafelekar empor-führende Nordkettenbahn eröffnet Wanderern und Bergsteigern einen Aus-gangspunkt der Extraklasse. Von hier oben lassen sich mühelos eine ganze Anzahl lohnender Höhenwege und Überschreitungen als Tagestouren durch-führen, wird man doch innerhalb kürzester Zeit aus der Großstadt in eine Höhe von etwa 2500 m transportiert. Selbst beim Abstieg in andere Täler, durch das Gleiersch- und Hinterautal nach Scharnitz oder durch das Halltal nach Absam, wird man infolge der verkehrstechnisch überaus günstigen Erschließung des Großraumes Innsbruck problemlos noch am gleichen Tag zum Ausgangs-punkt zurückkehren können. In diesem Zusammenhang muß neben den in

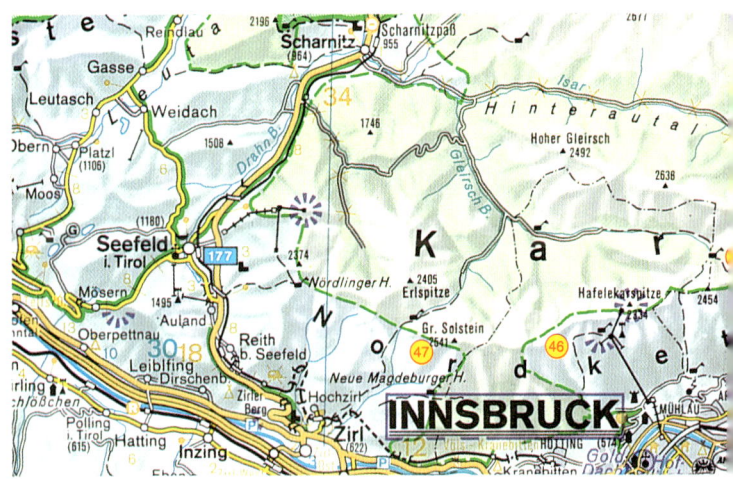

der Folge beschriebenen Vorschlägen natürlich der »Goetheweg« Erwähnung finden: Entsprechend seinem Pendant von der Seegrube zum Solsteinhaus bietet er dem trittsicheren Wanderer einen herrlichen Höhenweg und damit die Möglichkeit, von der Bergstation am Hafelekar in grob östlicher Richtung über einige Gipfel und Gratscharten zur Pfeishütte zu gelangen und von dort über das Stempeljoch fast mühelos nach St. Magdalena abzusteigen. Die steilen Mautstraßen von Absam ins Halltal und von Sankt Martin zur Hinterhornalm erschließen zwei weitere hochgelegene Ausgangspunkte, von denen sich ohne großen Aufwand herrliche Rundtouren unternehmen lassen.

Tiefer unten, in der sonnenreichen Almregion über Innsbruck, Rum, Thaur und Hall, ermöglicht ein weitverzweigtes und engmaschiges, hervorragend beschildertes Wegenetz unbeschwertes Genußwandern mit zahlreichen Einkehrmöglichkeiten in den bewirtschafteten Almgaststätten. Genau das Richtige, wenn das Wetter sich einmal etwas zweifelhaft erweist oder einfach der nötige Auftrieb zu höheren Zielen fehlt.

Neben den zahlreichen Kulturschätzen der Tiroler Landeshauptstadt Innsbruck und der sehr gut erhaltenen mittelalterlichen Altstadt von Hall sei dem sonnenverwöhnten Bergfreund noch ein ganz anderer Ausflug anempfohlen, ein Gang unter den Berg. Die ehemals blühende Bergbaustadt Schwaz hat vor einigen Jahren eine Silbermine restauriert, in der es nun möglich ist, mit einer Grubenbahn vorbei an Sinter- und Tropfsteinbildungen in das Stollensystem einzufahren und Leben und Arbeit der mittelalterlichen Knappen zu bestaunen. Also: »Glück auf!«, auch bei schlechtem Wetter.

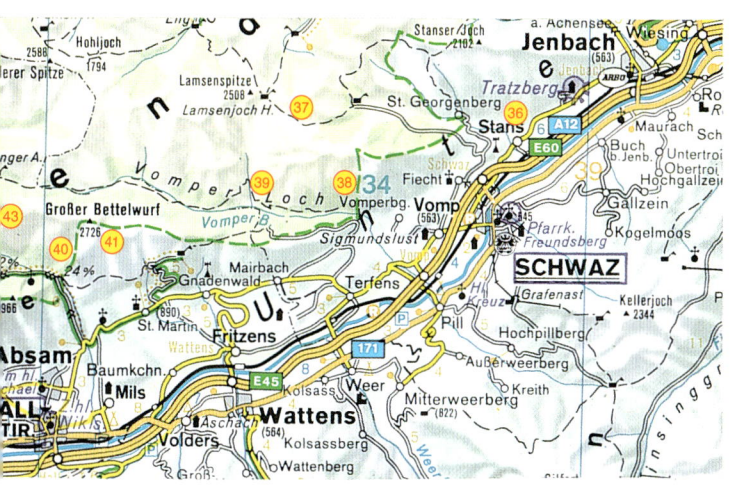

36 Tratzberg, 633 m – Sankt Georgenberg, 898 m

Kulturwanderung zu einer ehrwürdigen Benediktinerabtei

Tratzberg – Durach – Heuberg – Sankt Georgenberg – Tratzberg

Talort: Stans, 563 m; linksseits des Inns gelegene Ortschaft, Busverbindung mit Schwaz, Eisenbahnverbindung mit Innsbruck und Kufstein.
Ausgangspunkt: Schloßgaststätte Tratzberg, 545 m; etwa zwei Kilometer nordöstlich von Stans am Berghang knapp oberhalb des Talbodens.
Gehzeiten: Schloßwirt – Schloß Tratzberg ¼ Std., Schloß Tratzberg – Durach ¾ Std.,

Durach – Heuberg ½ Std., Heuberg – St. Georgenberg ½ Std., Rückweg nach Tratzberg 1¼ Std., insgesamt 3 – 3½ Std.
Höhenunterschied: 453 m.
Anforderungen: Leichte Wanderung auf gut beschilderten und markierten Wald- und Wirtschaftswegen.
Einkehr: Schloßgaststätte Tratzberg am Beginn und Ende der Tour, Gasthaus St. Georgenberg am Wendepunkt.

Obwohl an der **Gaststätte Tratzberg** ein breiter Fahrweg den Zugang zum Schloß erleichtert, wählen wir doch lieber einen schmalen Pfad, der gleich hinter dem Wirtshaus durch den Wald in mehreren Kehren zu dem großen Schloß emporführt. Der gut erhaltene Bau, bereits im 13. Jahrhundert errichtet und im 16. Jahrhundert großzügig umgebaut, ist in jedem Fall einen Besuch wert. Zahlreiche Führungen zeigen verschiedene Kunstsammlungen in den mit Renaissance-Interieur eingerichteten, prunkvollen Räumen.

Nach kulturbeflissenem Staunen machen wir uns anschließend wieder auf den Weg und gehen zunächst ein kurzes Stück auf der vom Gasthaus heraufführenden Straße zurück, um noch vor den Wiesen des Hofes Ried rechts auf einen Waldweg abzuzweigen. Dieser führt oberhalb am Waldrand nach Südwesten und gabelt sich später in einen beinahe eben weiterverlaufenden und einen leicht ansteigenden Ast. Wir wählen die »alpinere« Variante und wandern hinauf zu den freien Wiesen von **Durach**.

Am Hof beginnt erneut eine etwas breitere Straße die uns hinableitet in einen markanten Bachgraben und jenseits wieder hinaus. Um einen bewaldeten Rücken herum mündet von links herauf ein markierter Wanderweg (auf ihm

Auf unseren Wanderungen durch das Karwendel entdecken wir manch seltenes Gewächs: hier die silbrigen Blütenpuscheln des Wollgrases.

kann in langem, höhenmeterreichem Anstieg der hervorragende Aussichtsgipfel des Stanser Joches erreicht werden). Für uns kann dieser Weg heute insofern von Bedeutung sein, als wir auf ihm ganz kurz hinuntersteigen und dann gleich wieder rechts einbiegen können zum idyllisch im Wald versteckten Wallfahrtskirchlein Maria Tax. Zurück am Weg folgen wir dann zunächst der Markierung 235, allerdings nur über zwei Wegkehren hinweg bis auf die Wiesen von **Heuberg**.

Der Straße folgend wandern wir weiter nach Westen, den Blick in das einsame Stallental und auf die darüber wild aufragenden Felszinnen von Fiechter- und Mittagspitze gerichtet. So nähern wir uns mittlerweile dem Ziel unserer Tour: Bevor sich der Weg wieder ins Tal senkt, erblicken wir jenseits eines Bachgrabens **Sankt Georgenberg**; also nochmals kurz hinab, über die Brücke und hinauf zu dem tausendjährigen Wallfahrtsort, der im 10. Jahrhundert als Einsiedelei gegründet wurde. Ein wahrhaft malerischer Ort, besonders wenn im Herbst die Laubfärbung der Wälder rings um die Felsen das Szenario bunt untermalt.

Um beim Rückweg den lästigen Gegenanstieg nach Durach zu vermeiden, werden wir noch vor dem markanten Bacheinschnitt (nach Maria Tax) rechts abzweigen und über Ried nach **Tratzberg** zurückkehren. Auf diesem Weg haben wir dann noch einmal hübsche Ausblicke auf das Schloß.

37 Lamsenjochhütte, 1953 m

Genußreiche Wanderung in ein wildes Felsenrund

Stallental – Stallenalm – Lamsenjochhütte

Talort: Schwaz, 545 m; alte Bergbaustadt am rechtsseitigen Innufer; Schnellzugverbindung mit Innsbruck und Kufstein, Autobahnanschluß.

Ausgangspunkt: Stallental, ca. 1180 m; vom Schwazer Bahnhof (am linken Innufer) führt eine Fahrstraße unter der Autobahn hindurch nach Fiecht und hinauf über Weng ins Stallental. Das Tal kann bis etwa 1180 m befahren werden, dann Fahrverbot, Parkmöglichkeit.

Gehzeiten: Stallental – Stallenalm ¾ Std., Stallenalm – Lamsenjochhütte 1¾ Std., Lamsenjochhütte – Stallental 1¾ Std., insgesamt 4 – 4½ Std.

Höhenunterschied: 775 m.

Anforderungen: Recht leichte und kurze Wanderung. Wer allerdings bereits in Fiecht oder gar Schwaz losmarschiert, wird einen ausgefüllten Tag erleben.

Einkehr und Unterkunft: Lamsenjochhütte, 1953 m, in aussichtsreicher Lage unter der Lamsenspitze; Alpenvereinshaus, bewirtschaftet von Pfingsten bis Okt.

Variante: Von der Hütte nach Osten über den Kamm aufs Schafjöchl, einen hübschen und selten besuchten Aussichtsberg mit interessanten Nahblicken auf die langgestreckten Felsmauern zwischen Hochnissl und Lamsenspitze.

Einmal von Schwaz die richtige Straße ins **Stallental** gefunden – sie führt vom Bahnhof nach Norden, dann links abzweigend und unter der Autobahn hindurch nach Fiecht, dort nach links zum Stift und später rechts hinauf nach Weng – können wir eigentlich nicht mehr fehlgehen.

Vom Ende der befahrbaren Straße wandern wir eben und teilweise leicht fallend hinein in den mit Geröll gefüllten und Latschen bestandenen Stallenboden. Dort hindurch erreichen wir in westlicher Richtung schon bald die **Stallenalm**.

In der Folge nimmt die Neigung des Fahrweges ein wenig zu, wird aber niemals steil und anstrengend. Unter dem linksseitig mittlerweile recht bedrohlich aufragenden Hochnissl wendet sich der Fahrweg dann etwas auf die nördliche Talseite unter dem Schafjöchl zu, während wir geradeaus über den Fußweg im Talgrund etwas abwechslungsreicher als auf der Straße zur **Lamsenjochhütte** gelangen.

Ein stattliches und zudem gemütliches Unterkunftshaus: Die Lamsenjochhütte liegt umgeben von einem Halbrund imposanter Felszinnen (im Bild rechts die Lamsenspitze, einer der wenigen Genußklettergipfel im Karwendel).

103

38 Waldhorbalm, 1590 m

»Durchs wilde Kurdistan« von Jagdhütte zu Jagdhütte

Karwendelrast – Waldhorbalm – Jagdhütte Dawald – Karwendelrast

Talort: Vomp, 563 m; linker Hand des Inns gegenüber der Stadt Schwaz gelegen. Busverbindung mit Schwaz, Autobahnanschluß.
Ausgangspunkt: Gasthaus Karwendelrast, 855 m; am westlichen Ende des Vomper Berges, Parkmöglichkeiten.
Gehzeiten: Karwendelrast – Waldhorbalm 2½ Std., Waldhorbalm – Jagdhütte Dawald 1¾ Std., Jagdhütte Dawald – Karwendelrast ¾ Std., insgesamt 5 – 5½ Std.
Höhenunterschied: 810 m.
Anforderungen: Bis zur Waldhorbalm relativ problemlos; die anschließende Querung auf einem kaum markierten Jagdsteig über steile Südhänge hinüber ins Bärental erfordert einigen Spürsinn und stellenweise Trittsicherheit. Bei Nässe gefährlich und dringend abzuraten. Unterwegs keine Einkehrmöglichkeit .

Vom Gasthaus **Karwendelrast** verfolgen wir einige Minuten den breiten Weg ins Vomper Loch, um am Waldrand nach rechts auf einem schmalen Pfad ins Gehölz abzuzweigen. Nach etwa 25 Minuten erreichen wir eine Almstraße, die uns kurz nach links hin, dann nach Osten gleichmäßig ansteigend den Weiterweg vorgibt. Bei einer freien Wiese angelangt zweigen wir erneut nach links ab; ein markierter Steig leitet hier in einigen Serpentinen durch Wald und abschließend über die freien Matten hinauf zur **Waldhorbalm**.

Hier verlassen wir endgültig die halbwegs gebahnten Wege (sie führen weiter auf Hirschkopf und Fiechterspitze) und halten uns gleich hinter der Alm auf einem Jagdsteig in westlicher Richtung. Durch lichten Wald und Latschenfelder geht es zunächst leicht ansteigend zu einer ersten Jagdhütte; nunmehr

Die Waldhorbalm liegt idyllisch an den östlichsten Ausläufern des Hauptkammes.

kommen wir, südwestlich einschwenkend, vor die Abstürze der Bärenköpfe, unter denen wir in sehr steilem Gelände (nicht bei Nässe begehen) hinüberqueren zur Jagdhütte **Fleischbank**. Um den vom Bärenkopf südlich abstreichenden Rücken herum führt der Pfad in Serpentinen hinab zur **Dawald-Jagdhütte** im Bärental. Der markierte Weg vom Hochnissl herab wiegt uns zwar in Sicherheit, aber als Draufgabe gilt es noch zwei steile Gräben zu queren, ehe wir durch das Vomper Loch hinausschlendern zur **Karwendelrast**.

39 Zwerchloch – Vomper Loch

Stille Pfade durch den »Urwald« des Vomper Loches

Karwendelrast – Melansalm – Zwerchloch – Ganalm – Karwendelrast

Talort: Vomp, 563 m; linker Hand des Inns gegenüber der Stadt Schwaz gelegen. Busverbindung mit Schwaz, Autobahnanschluß.

Ausgangspunkt: Gasthaus Karwendelrast, 855 m; am westlichen Ende des Vomper Berges, Parkmöglichkeiten.

Gehzeiten: Karwendelrast – Melansalm ¾ Std., Melansalm – Zwerchloch ¾ Std., Zwerchloch – Ganalm 1¼ Std., Ganalm –

Karwendelrast 1¼ Std., insgesamt 4 – 4½ Std.

Höhenunterschied: Etwa 750 m.

Anforderungen: An sich wenig schwierige Wanderung, die aber beim Gang über die Katzenleiter einige Gewandtheit erfordert.

Einkehr: Unterwegs keine Einkehrmöglichkeit. Am Ende der Rundtour Gasthaus Karwendelrast.

Der Markierung 224 folgend wandern wir vom Gasthaus **Karwendelrast** oberhalb der Vomper Schlucht auf einem breiten Weg hinein in die Urwelt des Vomper Lochs. Eine Abzweigung lassen wir rechts liegen und gelangen so in leichtem Auf und Ab, zwei Bachgräben querend, zur **Melansalm.** Der Weg zieht nun weiter, immer in annähernd gleicher Höhe bleibend, durch Wald nach Westen. Erst in freierem Gelände verlieren wir durch zwei Kehren etwas an Höhe, um anschließend nach Norden hin in den engen Schlund des **Zwerchloches** hinein zu queren. Nach Erreichen der Jagdhütte führen einige kurze Serpentinen nach links hinab zum Zwerchbach. Jenseits beginnt es nun ein wenig ernster zu werden, gilt es doch über die Stufen der Katzenleiter einen ausgesetzten Abbruch und die markante Huderbankklamm zu überwinden. Danach umrunden wir noch einen Rücken und steigen an einer Wegverzweigung links hinab zum Bach. Nun treten wir auf der anderen Talseite den Rückweg an und gelangen leicht steigend in östlicher Richtung zur **Ganalm.** Ab hier verfolgen wir eine Fahrstraße, die wir nach einer langgezogenen Rechtskurve an den ersten freien Wiesen nach links hin verlassen, um nochmals zum Vomper Bach abzusteigen. Am Elektrizitätswerk vorbei geht es hinein in die beeindruckende Vomper Schlucht und, ehe es zu eng wird hier unten, steil rechts hinauf zur sonnigen **Karwendelrast.**

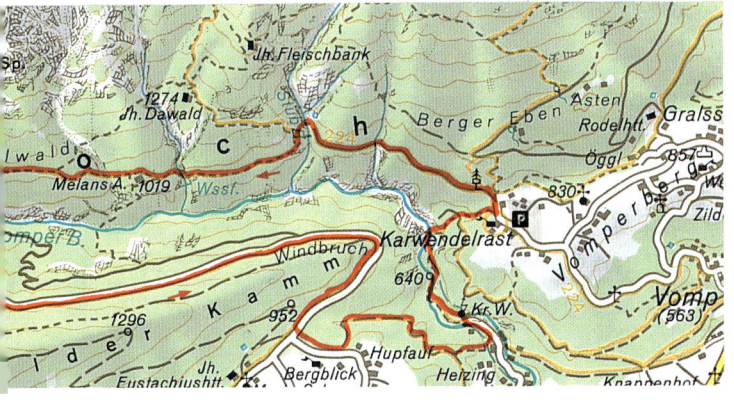

*Karwendel mal ganz anders: Im »Urwald« des Vomper Loches, einem der abgeschie-
densten und romantischsten Flecken inmitten unverdorbener Naturlandschaft.*

40 Bettelwurfhütte, 2077 m

Ungewöhnlicher Hüttenzugang über einen aussichtsreichen Höhenweg

Halltal – Lafatscher Joch – Bettelwurfhütte – Halltal

Talort: Hall, 574 m; am linken Innufer östlich von Innsbruck gelegene Kleinstadt mit zahlreichen Sehenswürdigkeiten. Schnellzugstation, Autobahnanschluß, hervorragende Busverbindungen nach Innsbruck.
Ausgangspunkt: Ende der Mautstraße ins Halltal, wenig westlich von Sankt Magdalena, ca. 1300 m.
Gehzeiten: St. Magdalena – Issanger 1 Std., Issanger – Lafatscher Joch 1¼ Std., Lafatscher Joch – Bettelwurfhütte 1¼ Std., Bettelwurfhütte – St. Magdalena 2 Std., insgesamt 5 – 6 Std.
Höhenunterschied: Etwa 900 m.

Anforderungen: An sich wenig schwierige aber sehr genußvolle Wanderung mit herrlichen Ausblicken. Einzig der Steig durch das Hirschbad ist häufig etwas überwuchert und rutschig.
Einkehr und Unterkunft: Bettelwurfhütte, 2077 m; Alpenvereinshütte, voll bewirtschaftet von Mitte Juni bis Mitte Oktober. Gasthaus Sankt Magdalena, 1285 m, im Halltal.
Variante: Nach Schlechtwetter kann der Weg durch das Hirschbad leicht in eine Schlammschlacht ausarten, Dann ist der Weg über das Issjöchl vorzuziehen.

Zugegeben, die Bettelwurfhütte kann von weiter vorne im Tal erheblich zeitsparender erreicht werden, als wir es heute tun werden; doch der Anstieg über die Bettelwurfreisse eignet sich vielmehr als rasantes »downhill-race« als für einen genußreichen Aufstieg.
Bei den Parkmöglichkeiten am Ende der **Halltalstraße**, überqueren wir, der Beschilderung »Hirschbad« folgend, zunächst den südlichen Arm des Issbaches, um gleich jenseits im Hochwald zu verschwinden. In der Folge umrunden wir immer leicht ansteigend einen waldigen Rücken und kommen so ins

Auf der Terrasse der Bettelwurfhütte: Allein schon die weitreichende Aussicht lohnt die Aufstiegsmühen zu diesem hohen Logenplatz. Im Hintergrund die Stubaier Alpen.

grünstrotzende Isstal. Der Pfad führt nun über weite Strecken fast direkt am nördlichen Arm des Issbaches entlang, ein herrlicher Wegabschnitt, denn immerzu gluckert und plätschert munter herabfließendes Wasser; ... außer nach Regen, dann plätschert es zwar noch mehr, aber der Steig wird schlüpfrig und ohnehin morastige Wegstücke gleichen dann eher grundlosen Mooren. Nach Durchquerung dieses Feuchtbiotops erreichen wir nun den Issanger zu Füßen von Kleinem und Großem Lafatscher und machen uns auf den schweißtreibenden Anstieg über Geröll und durch Latschenfelder hinauf zum **Lafatscher Joch**. Schon knapp unterhalb des Joches erlaubt ein beschildertes Verbindungswegerl, horizontal nach Osten hinüberzuqueren auf den Höhenweg zur Hütte. Wem es unten im Isstal etwas zu eng und feucht herging, der wird hier oben absolut entschädigt: In leichtem Auf und Ab führt der Genußsteig stets angesichts der Zentralalpen hinüber zur **Bettelwurfhütte**, wo wir entweder übernachten, um anderntags dem Großen Bettelwurf auf sein steiniges Haupt zu steigen oder den serpentinen- und latschenreichen Abstieg über die Bettelwurfreissen hinab ins Halltal anzutreten. Dort leitet uns dann noch ein hübsch angelegter Waldweg jenseits der Mautstraße in westlicher Richtung zurück nach **St. Magdalena**.

41 Großer Bettelwurf, 2725 m

Leichter Klettersteig entlang des »Eisengattergrates«

Bettelwurfhütte – Großer Bettelwurf – Halltal

Talort: Hall, 574 m; am linken Innufer östlich von Innsbruck gelegene Kleinstadt mit zahlreichen Sehenswürdigkeiten. Schnellzugstation, Autobahnanschluß, hervorragende Busverbindungen nach Innsbruck.

Ausgangspunkt: Bettelwurfhütte, 2077 m; Alpenvereinshütte, voll bewirtschaftet von Mitte Juni bis Mitte Oktober. Von der ersten freien Wiese im Halltal (Parkmöglichkeit) in steilem Anstieg zu erreichen, 2½ Std. Genußvoller ist allerdings der Anstieg über den Issanger, das Lafatscher Joch und den anschließenden Höhenweg (siehe Tour 40).

Gehzeiten: Bettelwurfhütte – Bettelwurf 2¼ Std., Bettelwurf – Halltal 3¼ Std., insgesamt 5 – 6 Std.

Höhenunterschied: 650 m, jedoch insgesamt 1625 m Abstieg ins Halltal.

Anforderungen: Der Klettersteig am Eisengattergrat ist nicht besonders schwierig, verlangt aber in jedem Falle entsprechende Ausrüstung; nur für Geübte, denn Zauderer werden rasch viel Zeit verlieren. Keinesfalls bei Gewittergefahr begehen (Blitzschlaggefahr).

Einkehr und Unterkunft: Bettelwurfhütte, 2077 m, zu der man beim Abstieg aber nicht zwangsläufig zurückkehren muß. Gasthaus St. Magdalena, 1285 m.

Es sei vorausgeschickt, daß der Gipfelanstieg zum Großen Bettelwurf auf seinen letzten 200 Höhenmetern ausschließlich eine Sache für Geübte ist, die den Umgang mit der notwendigen Ausrüstung (Anseilgurt, Reepschnurschlingen, Karabiner, Seilbremse, Helm etc.) sicher beherrschen. Dann aber, wird dieser Anstieg zu einem ganz besonderen Spaß, insbesondere deshalb, weil die Distanzen kurz und die Höhenmeter wenige sind. Zudem zählt der Große Bettelwurf Dank seiner Höhe und vorgeschobenen Lage mit Recht zu den begehrtesten Aussichtsbergen der Nördlichen Kalkalpen.

Wir verlassen die **Bettelwurfhütte** also auf zunächst nur wenig ansteigendem Weg in östlicher Richtung, hinüber in die ausgeprägte Mulde unter dem Eisengattergrat. Hier treffen wir auch auf den aus dem Halltal heraufführenden Pfad, in den wir später, beim Abstieg ins Halltal einbiegen werden. Grundrichtung Ost beibehaltend queren wir zunächst ein Stück dem Kamm entgegen, um anschließend in einigen kurzen Serpentinen steil auf den noch begrün-

Ein korpulentes Zwillingspaar: Kleiner und Großer Bettelwurf (rechts) vom Haller Zun-terkopf. Gut zu erkennen ist die Lage der Hütte am Südkamm des Kleinen Bettelwurf.

ten, aber größtenteils schrofigen Grat hinauf und damit in die Sonne zu gelangen. In beinahe genau nördlicher Richtung immer ziemlich genau auf der Gratschneide führt der Steig an den Ansatz der Felsen in etwa 2530 m Höhe. Hier wird es nun ernst, heißt es Kletterzeug und Helm anlegen. Man bleibt immer längs der zuverlässigen Versicherungen, etwas rechts des Kammverlaufs, und steigt über Platten, Rinnen und kurze Wandstufen zum Gipfelgrat an. Mit wenigen Schritten erreichen wir dann den höchsten Punkt des **Großen Bettelwurfs** und staunen jenseits schaudernd in die Tiefe, wo das Auge erst wieder 1200 Meter tiefer im Vomper Loch Ruhe findet.

Zum Abstieg ist wenig zu sagen: Erst sorgfältig hinab bis auf Höhe der Hütte und dann in knie-zerrüttender Art und Weise ins **Halltal**.

42 Hallerangerhaus, 1768 m

Zu den »Überlebenskünstlern« am Überschalljoch

Halltal – Lafatscher Joch – Hallerangerhaus – Überschalljoch – Hallerangerhaus – Lafatscher Joch – Halltal

Talort: Hall, 574 m. Schnellzugstation, Autobahnanschluß, hervorragende Busverbindungen nach Innsbruck.

Ausgangspunkt: Ende der Mautstraße ins Halltal, wenig westlich von Sankt Magdalena, ca. 1300 m.

Gehzeiten: St. Magdalena – Issanger 1 Std., Issanger – Lafatscher Joch 1¼ Std., Lafatscher Joch – Hallerangerhaus ½ Std., Hallerangerhaus – Überschalljoch ½ Std., Überschalljoch – Hallerangerhaus ½ Std., Hallerangerhaus – Lafatscher Joch 1 Std., Lafatscher Joch – Halltal 1¼ Std., insgesamt 6 – 7 Std.

Höhenunterschied: 1250 m.

Anforderungen: Wenig schwierige, aber infolge mehrerer Auf- und Abstiege recht anstrengende Wanderung.

Einkehr und Unterkunft: Hallerangerhaus, 1768 m; Alpenvereinshütte, voll bewirtschaftet von Pfingsten bis Mitte Oktober. Hallerangeralm, ca. 1740 m; privat, im Sommer bewirtschaftet.

Variante: Konditionsriesen nehmen noch die Speckkarspitze mit (s. Tour 43, + 3½ Std.).

Großer und Kleiner Lafatscher über der breiten Einsenkung des gleichnamigen Joches; deutlich sind die »Riesenserpentinen« aus dem Issanger ins Joch zu erkennen.

Aus dem **Halltal** folgen wir zunächst einem Wirtschaftsweg in westlicher Richtung zu den malerischen Herrenhäusern (s. Abb. S. 8), in denen nach aufwendigen Restaurationsarbeiten seit einigen Jahren ein Salzbergbaumuseum unterhalten wird. Links an den Gebäuden vorbei ziehen wir weiter über die wenig ausgeprägte Einschartung des Issjöchls in den weiten Issanger. In mehreren, weit ausholenden Kehren mühen wir uns nun zwischen Latschen hindurch am Südhang hinauf zum **Lafatscher Joch**. Durch eine idyllische Mulde und vorbei an geröllbedeckten Abbrüchen leitet uns der Weg nun hinab zum versteckt im Wald gelegenen **Hallerangerhaus**. Obwohl hier bereits das Ziel unserer Wanderung erreicht zu sein scheint, sollten wir, ehe wir über das Lafatscher Joch und durch das Hirschbad (s. Tour 40) ins Halltal zurückkehren, unbedingt noch einen Abstecher über die Hallerangeralm zum **Überschalljoch** unternehmen. Dort sind vor den spiegelglatten Überschallwänden einige herrliche wettergegerbte Zirben zu bewundern, die ihre knorrigen Äste wie mahnende Finger ins Blau des Himmels strecken; obgleich kein Leben mehr in diesen verkrüppelten Baumleichen zu stecken scheint, entsprießen doch gerade ihnen paradoxerweise die saftigsten Nadelbüschel, die man sich vorstellen kann.

43 Speckkarspitze, 2621 m

Markanter Felsgipfel mit abwechslungsreichem Anstieg

Hallerangerhaus – Speckkarspitze – Lafatscher Joch – Halltal

Talort: Hall, 574 m. Schnellzugstation, Autobahnanschluß, hervorragende Busverbindungen nach Innsbruck.
Ausgangspunkt: Hallerangerhaus, 1768 m; Alpenvereinshütte, voll bewirtschaftet von Pfingsten bis Mitte Oktober. Aus dem Halltal in 2¾ Std. über das Lafatscher Joch zu erreichen (s. Tour 42).
Gehzeiten: Hallerangerhaus – Speckkar-

spitze 2¾ Std., Speckkarspitze – Lafatscher Joch 1 Std., Lafatscher Joch – Halltal 1¼ Std., insgesamt 5 – 5½ Std.
Höhenunterschied: 855 m.
Anforderungen: Anspruchsvolle Bergtour mit einigen wenigen versicherten Stellen knapp unterhalb des Gipfels.
Einkehr: Hallerangerhaus oder Gasthaus St. Magdalena im Halltal.

Hat man tags zuvor das **Hallerangerhaus** erreicht und einen Abstecher ins Überschalljoch unternommen, bietet sich eine Übernachtung auf der Hütte geradezu an, um am Rückweg über das Lafatscher Joch noch die gleichmäßi-

Die Speckkarspitze wird über den hinteren, nach links abstreichenden Kamm erreicht. Der Abstieg führt auf den Betrachter zu ins Lafatscher Joch.

ge Pyramide der **Speckkarspitze** zu besuchen. Wir zweigen dazu oberhalb der geröllbedeckten Abbrüche in einer sanften Wiesenmulde auf einem markierten und beschilderten Pfad nach links hin in das vom Gipfel westwärts abstreichende Kar ein. Über einen begrünten Rücken wird der Nordwestkamm erreicht, über den wir in abwechslungsreichem Gelände, unterhalb des Gipfels nach rechts in die Flanke querend, den höchsten Punkt erreichen.

Nachdem wir das Kar im Abstieg von rechts her betreten haben, führt eine schwach markierte, aber gut auszumachende Pfadspur hinüber an den Südwestkamm und hinab ins **Lafatscher Joch**. Von dort gelangen wir hinunter in den Issanger und wenden uns dort nach links um durch das zauberhafte Isstal, größtenteils längs des Issbaches ins **Halltal** abzusteigen.

44 Haller Zunterkopf, 1966 m

Lohnende Rundtour zum Salzbergbaumuseum im Halltal

St. Magdalena – Hochmahdkopf – Haller Zunterkopf – Törl – Herrenhäuser – St. Magdalena

Talort: Hall, 574 m; am linken Innufer östlich von Innsbruck gelegene Kleinstadt mit zahlreichen Sehenswürdigkeiten. Schnellzugstation, Autobahnanschluß, hervorragende Busverbindungen nach Innsbruck.

Ausgangspunkt: Gasthaus Sankt Magdalena im Halltal, 1287 m; kurz vor dem Ende der Mautstraße im Halltal, Parkmöglichkeiten.

Gehzeiten: Sankt Magdalena – Hochmahdkopf 1½ Std., Hochmahdkopf – Haller Zunterkopf ¾ Std., Haller Zunterkopf – Törl ½ Std., Törl – Herrenhäuser ½ Std.,

Herrenhäuser – St. Magdalena ½ Std., insgesamt 4 – 4½ Std.

Höhenunterschied: 683 m.

Anforderungen: Wenig schwierige Wanderung mit allerdings einer etwas heiklen, weil abschüssigen Stelle am Übergang vom Hochmahd- zum Zunterkopf.

Einkehr: Gasthaus Sankt Magdalena, 1283 m; Gasthaus an den Herrenhäusern, 1482 m.

Variante: Beim Abstieg vom Zunterkopf kann man mit einem kurzen Abstecher die Kaisersäule besuchen.

Direkt an dem kleinen Biergarten von **St. Magdalena** führt uns in südlicher Richtung ein schmaler, aber hinreichend markierter Jagdsteig in den Hochwald. Das anfangs noch recht wenig geneigte Terrain steilt in der Folge immer mehr auf, bis sich der Weg in zahllosen Kehren über enorm steilen Waldboden in Grundrichtung Südost zum Kamm hinauf schlängelt, den wir bei einer Aussichtsbank in unmittelbarer Nähe des unscheinbaren **Hochmahdkopfes** erreichen. Vorbei an ungewöhnlich großen Ameisenhaufen sind wir nun in freierem Gelände angelangt und wenden uns nach Westen, um dem Grat entlang hinüberzuwandern zum deutlich höheren Zunterkopf. Der Übergang erweist sich als problemlos – bis auf eine einzige Stelle, da der Pfad unmittelbar neben dem rechtsseitigen Steilabbruch des Grates verläuft; aber alles in allem sieht diese Passage grimmiger aus, als sie letztendlich zu begehen ist. Zwischen Latschenfeldern hindurch gelangen wir schon bald auf den **Haller Zunterkopf**.

Die alte Bergbaustadt Hall zu Füßen der Zunterköpfe (links) und »Bettelwürfe«.

Von nun an gehts bergab, zunächst Richtung Südwesten längs eines Kammes und dann nordwestlich hinüber zum **Törl**. Vor der Querung zum Törl bietet sich ein kurzer, aber lohnender Abstecher an, indem wir an dem südwestgerichteten Kamm weiter absteigen bis zur Kaisersäule, 1701 m, einem pyramidenförmigen Steinmonument, 1815 zu Ehren Kaiser Franz I. errichtet, das an dieser Stelle etwas grotesk zwischen weidendem Jungvieh in den Himmel ragt. Darüber hinaus jedoch bietet dieser sonnige Platz eine gute Gelegenheit, um eine Rast einzulegen und den Blick über die Niederungen des Inntals schweifen zu lassen.

Leicht steigend halten wir oberhalb eines begrünten Tales nach Norden hin auf das Törl zu. Der jenseitige Abstieg beginnt nicht direkt in der tiefsten Einschartung, sondern etwas weiter oben am zur Wildangerspitze hinaufziehenden Kamm, und führt über Schutt und später durch Wald hinab zu den **Herrenhäusern**. Hier wurde vor einigen Jahren nach umfangreichen Restaurationsarbeiten ein interessantes Salzbergbaumuseum eingerichtet, dessen Besuch in Verbindung mit einer Einkehr im gegenüberliegenden Gasthaus unbedingt lohnt – allein schon deshalb, weil wir nur noch eine halbe Stunde gemütlichen Abstieges entlang der für den öffentlichen Verkehr gesperrten Forststraße hinaus nach **St. Magdalena** im Halltal vor uns haben.

45 Pfeishütte, 1922 m

Von der Gerölleinöde der Stempelreisse in den Blumengarten Pfeis

Halltal – Herrenhäuser – Stempeljoch – Pfeishütte – Kreuzjöchl – Thaurer Alm – Törl – Herrenhäuser – Halltal

Talort: Hall, 574 m. Schnellzugstation, Autobahnanschluß, hervorragende Busverbindungen nach Innsbruck.

Ausgangspunkt: Ende der Mautstraße ins Halltal, wenig westlich von Sankt Magdalena, ca. 1300 m.

Gehzeiten: St. Magdalena – Herrenhäuser ¾ Std., Herrenhäuser – Stempeljoch 2¼ Std., Stempeljoch – Pfeishütte ½ Std., Pfeishütte – Kreuzjöchl ½ Std., Kreuzjöchl – Thaurer Alm 1¼ Std., Thaurer Alm – Törl 1 Std., Törl – St. Magdalena 1 Std., insgesamt 6½ – 7½ Std.

Höhenunterschied: 1438 m.

Anforderungen: Technisch wenig schwierige Tour über mehrere Jöcher. Der stete Wechsel von Auf und Ab über eine ganze Menge von Höhenmetern hinweg dehnt die Runde jedoch zu einem anstrengenden, tagesfüllenden Unternehmen aus.

Einkehr: Herrenhäuser, 1482 m; Pfeishütte, 1922 m, Alpenvereinshütte, bewirtschaftet von Pfingsten bis Anfang Oktober; Thaurer Alm 1464 m, sommerliche Almwirtschaft.

Varianten: Konditionsstarke Wanderer können am Stempeljoch rechts abzweigend die Kleine Stempeljochspitze, 2529 m, »mitnehmen« (+ 1½ Std.). Vom Stempeljoch aus kann auch der Gang zur Pfeishütte vermieden werden, indem man vor der ersten Wegkehre unterhalb des Joches nach links abzweigt und zum Kreuzjöchl quert. Ebenso muß man nicht bis zur Thaurer Alm absteigen, sondern kann weiter oben bereits ins Törl queren.

Aus dem **Halltal** folgen wir zunächst einem Wirtschaftsweg in westlicher Richtung zu den malerischen **Herrenhäusern** (s. Abb. S. 8). Zwischen den Gebäuden hindurch zieht die Fahrstraße einem Bachlauf folgend weiter ins Issjöchl. Bevor sie an einer Hütte am Waldrand nach rechts hin umbiegt, zweigen wir in westlicher Richtung auf den markierten Wanderweg 221 ab. Zunächst noch im Wald ansteigend gelangen wir schon bald in ausgedehnte Latschenfelder und auf die Schuttströme der Stempelreisse. Über zunehmend

Die (meist besser besuchte) Pfeishütte vor den Schuttströmen des Sonntagkares.

steilere Serpentinen mühen wir uns an einigen wenig vertrauenserweckenden Drahtseilen vorbei ins **Stempeljoch**. Hier betreten wir das sanfte Hochtal der **Pfeis** und bummeln, begeistert von der alpinen Blumenvielfalt, zur gleichnamigen Hütte hinab oder biegen bereits vorher wieder sanft ansteigend in südöstlicher Richtung zum **Kreuzjöchl** ein. In der breiten Einschartung erwartet uns eine prächtige Aussicht über das tiefe Inntal hinweg auf die Zentralalpen, ehe wir in steilem Abstieg auf einem abenteuerlichen Pfad zwischen Abbrüchen und durch Latschen bis in den Hochwald absteigen. Auf einer kleinen Wiese zweigen wir links ab, um an der **Thaurer Alm** vorbei einen letzten Anstieg ins Törl hinauf unter die Füße zu nehmen. Links oberhalb der tiefsten Einschartung überschreiten wir den Kamm und gelangen über Kehren hinab zum Fahrweg an den **Herrenhäusern** und hinaus ins Halltal.

46 Seegrube, 1906 m – Solsteinhaus, 1805 m

Auf einem der schönsten Höhenwege des Karwendel

Berghotel Seegrube – Frau-Hitt-Sattel – Gipfelstürmerweg – Solsteinhaus – Bahnhof Hochzirl

Talort: Innsbruck, 574 m; Tiroler Landeshauptstadt mit besten Verkehrsverbindungen jeder Art. Zahlreiche Kulturdenkmäler und Sehenswürdigkeiten. Parkmöglichkeiten an der Talstation der Nordkettenbahn auf der Hungerburg.

Ausgangspunkt: Berghotel Seegrube, 1906 m; in aussichtsreichster Lage an der Bergstation der Nordkettenbahn gelegen, Umsteigestation zur Hafelekarbahn. Während der Betriebszeiten der Bahnen geöffnet.

Gehzeiten: Seegrube – Frau-Hitt-Sattel

1½ Std., Frau-Hitt-Sattel – Solsteinhaus 3 Std., Solsteinhaus – Bahnhof Hochzirl 1½ Std., insgesamt 6 – 7 Std.

Höhenunterschied: Etwa 900 m.

Anforderungen: Bis auf den Abstieg aus dem Frau-Hitt-Sattel nordseitig in das gleichnamige Kar (Drahtseile) wenig schwierige, wenngleich durch das häufige Auf und Ab etwas anstrengende Tour.

Einkehr und Unterkunft: Solsteinhaus, 1805 m; Alpenvereinshütte, von Anfang Juni bis Mitte Oktober durchgehend bewirtschaftet.

Am **Berghotel Seegrube** wenden wir uns westwärts und steigen zunächst zur Bergstation eines Skiliftes an einer vorspringenden Kuppe auf. In weitem Bogen wandern wir nun nahezu eben in derselben Grundrichtung unter den Schrofenhängen des Kemacher hinüber, bis wir eine Weggabelung erreichen. Hier vermittelt uns der bergwärts mäßig ansteigende »Schmidhubersteig« den Weiterweg. Auf ihm gelangen wir zu einem schrofigen Kamm, der von der Frau Hitt in südlicher Richtung herabzieht. Um ihn geht es herum, dann wieder steil hinauf und zuletzt wieder flach hinüber in den westlich der **Frau Hitt** eingelagerten, gleichnamigen Sattel. Mit etwas Courage wird uns der jenseitige, mit Drahtseilen versicherte, jedoch sehr steile Abstieg ins Frau-Hitt-Kar nicht

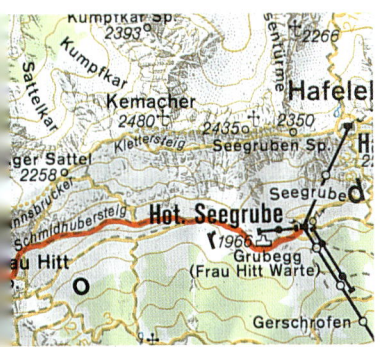

Die Bergstation der Nordkettenbahn auf dem Hafelekar liegt noch etwas höher als die Seegrube und lohnt einen Abstecher besonders wegen der herausragenden Fernsicht.

sonderlich schwer fallen, können wir doch schon bald wieder unbeschwert dahinwandern, um am linksseitig abzweigenden »**Gipfelstürmerweg**« die nördlichen Ausläufer der Hippenspitze nach Westen zu umrunden. Mit einem längeren Abstieg durch Latschenfelder gelangen wir an der Jagdhütte in der Wilden Iss vorbei ins Großkristental, wo wir auf dem aus dem Gleierschtal heraufziehenden Weg unseren heutigen letzten Aufstieg zum **Solsteinhaus** antreten. Dort angelangt können wir natürlich am Hüttenweg nach **Hochzirl** absteigen und mit der Karwendelbahn nach Innsbruck zurückkehren. Wer hingegen etwas Zeit mitbringt, sollte hier oben nächtigen um anderntags mit uns den Großen Solstein zu überschreiten und ins Inntal abzusteigen.

47 Großer Solstein, 2541 m

Anspruchsvolle Überschreitung eines hervorragenden Aussichtsberges

Hochzirl – Solsteinhaus – Großer Solstein – Neue Magdeburger Hütte – Hochzirl

Talort: Zirl, 622 m; westlich von Innsbruck unterhalb der Straße über den Zirler Berg nach Seefeld gelegene Ortschaft.
Ausgangspunkt: Bahnhof Hochzirl, 922 m; Station der Karwendelbahn, Straße von Zirl, Parkmöglichkeiten.
Gehzeiten: Hochzirl – Solsteinhaus 2½ Std., Solsteinhaus – Großer Solstein 2 Std., Großer Solstein – Neue Magdeburger Hütte 1¼ Std., Magdeburger Hütte – Hochzirl 1½ Std., insgesamt 7 – 7½ Std.
Höhenunterschied: 1620 m. Bei einer

Nächtigung im Solsteinhaus 720 m.
Anforderungen: Lange und anspruchsvolle Bergtour.
Einkehr und Unterkunft: Solsteinhaus, 1805 m, von Mitte Mai bis Mitte Oktober durchgehend bewirtschaftet. Neue Magdeburger Hütte, 1637 m, bewirtschaftet von Pfingsten bis Mitte Oktober. Gasthaus Brunntal, 1137 m.
Variante: Übergang vom Solsteinhaus über den versicherten »Zirler Schützensteig« zur Magdeburger Hütte.

Eine Überschreitung des Großen Solsteins als Tagestour von Hochzirl ist auf Grund der zu bewältigenden Höhenmeter so anstrengend, daß sich eine Nächtigung auf dem **Solsteinhaus**, das man beispielsweise auf dem genußreichen Höhenweg von der Seegrube (s. Tour 46) erreicht, geradezu

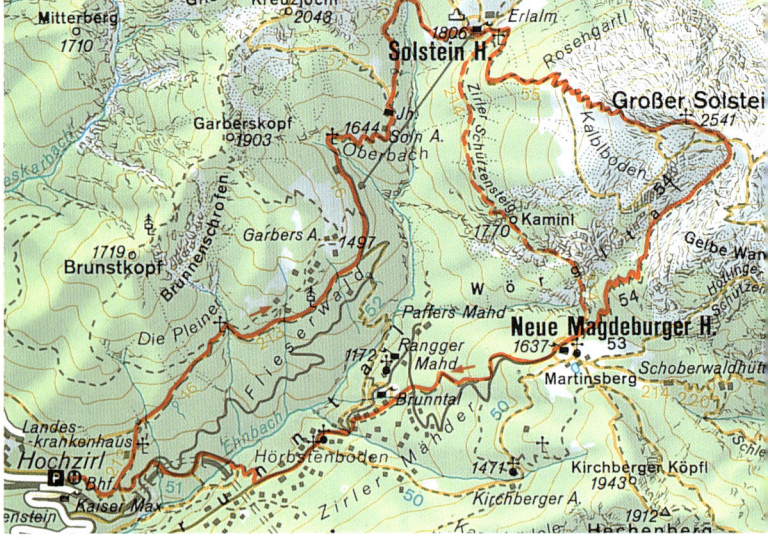

Die Felswildnis der Hohen Warte (rechts) und Solsteine (links) von der Brandjochspitze: Welcher ist höher, Großer oder Kleiner Solstein?

anbietet. Von der Hütte halten wir uns auf gut markiertem Bergweg südöstlich hinüber zu den Latschenfeldern am vom Solstein nach Westen abstreichenden Rücken. Durch Latschengassen, über Geröll und begraste Abschnitte gewinnen wir rasch an Höhe, wobei wir uns immer knapp südlich des besagten Kammes halten. Nach gut zwei Stunden schließlich haben wir den nach Norden steil abbrechenden Gipfel des **Großen Solsteins** erreicht.

Wir bleiben nun am Verbindungsgrat zum Kleinen Solstein und gelangen über ihn in die tiefste Einsattelung zwischen beiden Gipfeln. Ehe der Weg wieder anzusteigen beginnt, zweigen wir im Bogen nach Südosten auf eine grasige Hochfläche ab, von der wir – nunmehr südwestlich – in den steilen Trog des Wörgltales einbiegen. Zunächst immer auf dessen orographisch linken Hängen gelangen wir schließlich in die Mitte des Tales, um in zahlreichen Kehren durch Latschen und Hochwald zur **Neuen Magdeburger Hütte** abzusteigen. Auf einem die Kehren der Fahrstraße abschneidenden Wanderweg geht es nun hinunter zum Gasthaus Brunntal. Längs der Fahrstraße nach Zirl schlendern wir hinaus bis zu einer Abzweigung, die rechts ins Brunntal hinein führt. Nach der Überquerung des Baches treffen wir jenseits eine Fahrstraße, die wieder leicht ansteigt. Nach einigen Kurven verlassen wir sie nach rechts auf einem beschilderten Wanderweg zum Bahnhof **Hochzirl**.

48 Karwendel-Rundwanderung

Nachdem wir nun die Berge zwischen junger Isar und Achensee in zahlreichen Tagestouren durchstreift haben, soll an dieser Stelle eine mehrtägige Rundtour durch weite Teile des Gebirges vorgestellt werden. Bei der Zusammenstellung wurde ganz bewußt von der klassischen und beinahe regelmäßig überlaufenen West-Ost-Durchquerung von Scharnitz nach Pertisau Abstand genommen, da das Karwendel weit mehr zu bieten hat als Forststraßen-Hatscher mit zahllosen Gleichgesinnten. Vielmehr verbindet unsere Route einsame Wegabschnitte mit bekannten sowie die schönsten Höhenwege mit der Überschreitung der Birkkarspitze.

1. Tag: Von Krün wandern wir gemütlich über die Fischbachalm zu den idyllisch an den gleichnamigen Seen gelegenen Soiernhäusern (3 Std., s. Tour 10).

2. Tag: Von den Soiernhäusern steigen wir in die tiefe Einsattelung zwischen Soiern- und Krapfenkarspitze auf und umrunden das Massiv nach Süden hin absteigend zur Fereinalm. Über den Wörnersattel erreichen wir anschließend die Hochlandhütte (5 – 6 Std., s. auch Tour 8 in Gegenrichtung).

3. Tag: Von der Hochlandhütte geht es nochmals zurück zum Wörnersattel und anschließend über den Gjaidsteig hinüber zum Bärenalpl. Aus dem breiten Sattel queren wir über die weiten Südhänge unter Vogelkar- und Östlicher Karwendelspitze hindurch zum Karwendelhaus (5 – 6 Std., s. auch Tour 8 für den Anstieg zum Wörnersattel, Trittsicherheit und Schwindelfreiheit unbedingt nötig).

4. Tag: Erste Königsetappe: Durch das Schlauchkar mühen wir uns auf den höchsten Karwendelgipfel, die Birkkarspitze; beinahe mühelos sausen wir aus dem Schlauchkarsattel südseitig hinunter durch das Birkkar zum Jagdhaus Kasten im Hinterautal. Ein weiterer Anstieg hinauf zum Hallerangerhaus geht dann noch ganz schön in die Knochen (8 – 9 Std., s. Tour 28 für den Anstieg durch das Schlauchkar und 5 für den Anstieg zum Hallerangerhaus).

5. Tag: Unter den mauerglatten Felswänden der Speckkarspitze steigen wir ins Lafatscher Joch auf. Jenseits entweder hinab in den Issanger und über das Stempeljoch zur Pfeishütte oder über den Wilde-Bande-Steig (der Name kommt nicht von ungefähr) gleich direkt vom Lafatscher- ins Stempeljoch (3 Std. über den Wilde-Bande-Steig, 4 – 5 Std. über den Issanger, s. Tour 42, 43 und 45).

6. Tag: Zweiter Prachttag: Über den Goetheweg gewinnen wir die Hafelekarspitze, steigen hinab zur Seegrube und queren dann am Gipfelstürmerweg mit herrlichen Ausblicken auf die Stubaier Alpen hinüber zum Solsteinhaus (8 Std., s. Tour 46, Trittsicherheit notwendig).

7. Tag: Ausklang über die Eppzirler Scharte und durch das Eppzirler Tal hinaus nach Giessenbach (3 – 4 Std.).

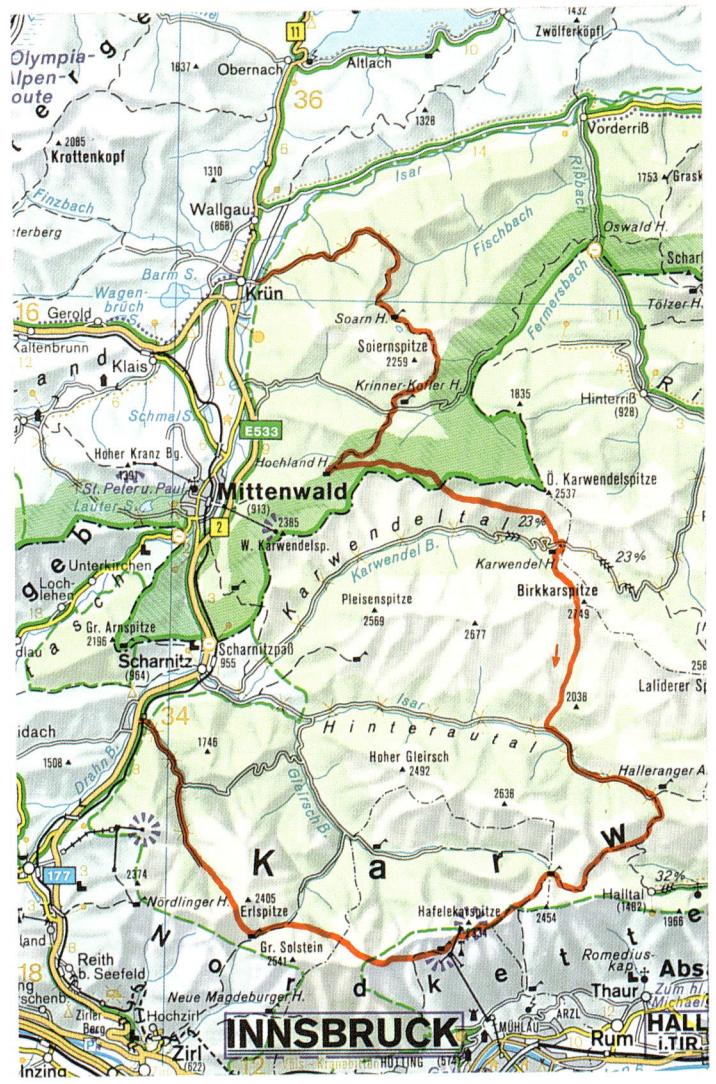

49 Kombinierte Rad- und Bergtouren

Der Aufbau des Karwendel aus mehreren langen Gebirgsketten mit dazwischen tief eingeschnittenen Tälern drängt eine Verbindung von Rad- und Bergtour nahezu auf. Mit Hilfe eines bergtauglichen Drahtesels können besonders in den von Scharnitz ausgehenden langen Gründen und in den Vorbergen zahlreiche einsame Gipfel als Tagesausflüge angegangen werden, die sonst schon aufgrund des langen Anmarsches zwangsläufig zu Gewalttouren ausarten müßten.

Während der echte »Mountain-Bike-Freak« den Bergen primär in der zweifelhaften Absicht zu Leibe rückt, nach überstandener Auffahrt »möglichst trialmäßig abzureiten«, soll bei den anschließend vorgestellten Routen das Radl ausschließlich als zeitsparendes und gelenkschonendes Hilfsmittel zum Erreichen des Tourenziels eingesetzt werden. Bei der Abfahrt nach der Bergtour müssen die Schonung der Natur und respektvolle Rücksichtnahme auf Wanderer und Spaziergänger oberstes Gebot bleiben.

Doch nun zu den Vorschlägen im Einzelnen: Sowohl von Hinterriß durch das Johannistal als auch von Scharnitz durch das lange Karwendeltal kann zum Karwendelhaus gestrampelt werden; mit guter Kondition läßt sich dann beispielsweise die **Birkkarspitze** ohne Nächtigung in der Hütte erreichen, um anschließend – den kühlen Fahrtwind um die Nase – bequem zum Ausgangspunkt zurückzurollen. Auch das Hinterautal kann von Scharnitz aus bequem auf einer Forststraße bis zum Jagdhaus Kasten befahren werden, von wo wir in das einsame **Roßloch** oder über das **Hallerangerhaus** zum **Überschalljoch** wandern können. Mit etwas Ausdauer lassen sich auch die **Speckkarspitze** oder der **Kleine Lafatscher** von hier aus besteigen.

Am ergiebigsten aber zeigt sich das Gleierschtal: Mühelos zur Amtssäge geradelt, ist der **Hohe Gleiersch** bereits in greifbare Nähe gerückt; oder man biegt bereits vorher ins Groß-Kristental ein und nähert sich damit dem **Großen Solstein** durch die Hintertür. Noch weiter und damit etwas anstrengender ist die Fahrt durch das Gleierschtal vorbei an der Mößlalm ins Samertal, das bis zur Pfeishütte befahren werden kann (2¾ Std. ab Scharnitz). Dort ist die Auswahl dann umso größer: Im weiten Rund können neben der **Rumerspitze** und der **Pfeiser Spitze** auch die **Sonntagkar-** und **Kaskar-** sowie die **Östliche Paxmarerkarspitze** erreicht werden.

Und auch in den Vorbergen erweist sich das Bergrad als sehr hilfreich, radelt man doch von Fall recht gemütlich zum Mini-Stausee vor dem Bächental, wo das Gefährt dann eingestellt wird. Hier ist die Spielwiese für den Wanderer dann groß und in aller Regel auch recht leer: **Mantschen, Kotzen, Kuppel, Heimjoch , Laurisjoch, Marlkopf, Gröbner Hals** ...

Das Gipfelzeichen am Kuhkopf: »Mountainbike-Extrem« – eine Erfindung der Neuzeit?

In den Wintermonaten von Dezember bis Mai liegen, abgesehen vom lauten Skipistenrummel in einigen Randgebieten, große Teile des Karwendelgebirges in stiller Abgeschiedenheit. Die Mautstraße in die Eng bleibt dann gesperrt und der Zugang durch viele Täler ins Innere des Gebirges wird dem winterfesten Wanderer oftmals durch erhebliche Lawinengefahr verwehrt.

Und auch von dem neuerdings stetig anwachsenden Völkchen der Tourenskifahrer verirren sich nicht viele ins Karwendel: »Wenig skifreundlich« lautet das (nicht ganz) einhellige Urteil der Zünftigen. Immerhin ziehen doch einige ganz besonders schöne Touren, mittlerweile zu Klassikern avanciert, die Tiefschneefreunde in immer größeren Scharen an. Zu ihnen gehört in jedem Fall der **Juifen**, dessen makellos weiße Wiesenhänge erhöhten Abfahrtsgenuß versprechen. Als Ausgangspunkt für den etwa 3½-stündigen Anstieg wählen wir am besten Achenkirch (Cafe Tirolerland), von wo wir über die Falkenmoos- und Großzemmalm ins Marbichler Joch und über den Südkamm zum Gipfel gelangen. Etwas weniger Abfahrtshöhenmeter, aber auch keinen Gegenanstieg verspricht die **Hochplatte**, die wir vorteilhafterweise vom gleichen Startpunkt aus wie den Juifen angehen.

Sommers wie winters zu den Münchener Hausbergen zählend erhält natürlich auch der **Schafreuter** recht häufigen Besuch. Dabei wird in aller Regel von der Oswaldhütte über die Moosenalm aufgestiegen; die grandiose Nordmulde unter dem Gipfel hält dann auch manchmal bis in den Mai hinein Pulver für das Abfahrtsvergnügen bereit. Viel stiller und nicht unbedingt jedermanns Sache ist dann schon der waldreiche Aufstieg von Hinterriß auf das **Schönalmjoch**, dessen südlich ausgerichteter Gipfelhang aber keinen Vergleich mit irgendwelchen namhaften Parade-Skibergen zu scheuen braucht.

Während die bislang vorgestellten Tourenziele durchaus auch im Hochwinter angegangen werden können, dürfen alle Fahrten in den südlich des Rißtales aufragenden Gebirgsgruppen erst im Frühjahr unternommen werden. Dann aber bieten sie Kennern und Könnern unerwartete Freuden: Hohe und genügend verfestigte Schneeauflage zaubert nun aus den sommerlich öden Schuttkaren Idealhänge für Normalverbraucher wie für Steilhang-Akrobaten. Zu den bekanntesten Zielen dieser Art zählt natürlich das **Hochglückkar**, das wie ein Magnet nach der Öffnung der Mautstraße (um den 1. Mai) die skibewehrten Abenteurer anzieht. Schade nur, daß jeder der Naturfreunde unbedingt bis in den hintersten Winkel auf den eigenen motorisierten vier Rädern vordringen muß, könnte man sich doch mit dem Velo von Hinterriß bis in die Eng hübsch warmradeln und darüberhinaus die Abfahrt nach dem fliegenden Wechsel von zwei Brettern auf zwei Räder in ungeahnte Dimensionen dehnen.

Unbedingt erwähnens- und empfehlenswert ist auch die steile Tour aus der Eng auf das **Gamsjoch**, die sich nach anschließender Abfahrt ins Laliderer

Der Juifen, genußreicher Skitouren-Klassiker über dem Achensee; Saison: Dezember bis April ... dann, wenn mit dem Wandern nichts geht.

Tal und Wiederaufstieg zum Hohljoch zu einem Unternehmen mit äußerst vielseitigem Landschaftserlebnis auswächst. Wem letztendlich der Besuch einer unbewirtschafteten Hütte nicht zu aufwendig erscheint, der sollte durch das Johannistal zum Karwendelhaus aufsteigen und sich im dortigen gemütlichen Winterraum einrichten. Zwei großartige Ziele tun sich dort dem erfahrenen Tourenskiläufer auf: Zur Rechten das wild zwischen Felswände eingeschnittene, sonnige Grabenkar auf die **Östliche Karwendelspitze**, zur Linken der schattseitige Anstieg durchs Schlauchkar auf die **Birkkarspitze** ... Ausweitung zur »Pause-Gewalttour« über Marxen- und Seekar ins Neunerkar nicht ausgeschlossen. Alles in allem muß aber nochmals betont werden, daß diese Touren ausschließlich dem Routinier vorbehalten bleiben sollten.

Stichwortregister

Die Zahlen hinter den Begriffen geben die Seitenzahlen an.

DER ALPENPARK KARWENDEL

ALPENPARK
KARWENDEL   Tirol

Lieber Bergfreund,

wo Sie dieses Logo sehen, beginnt der **Alpenpark Karwendel.** Er bildet die
Gesamtheit der Naturschutzgebiete, Landschaftsschutzgebiete und Ruhegebiete
im Tiroler Teil des Karwendelgebirges und damit das größte zusammenhängende
Schutzgebiet in den Nördlichen Kalkalpen. Er ist eine großflächige Bewahrungszo-
ne für die Natur, soll aber auch ganz besonders dem Menschen das Erlebnis einer
grandiosen Landschaft, Erholung abseits von Streß und Hektik bieten und ein
Wiederfinden verlorengegangener innerer Harmonie erleichtern.

Die **Schutzgebiete** sind auf der rechtlichen Basis des Tiroler Naturschutzgesetzes
ausgewiesen, und die Einhaltung der Regeln zum bestmöglichen Schutz der Natur
und zur Rücksichtnahme auf den Mitmenschen soll zum selbstverständlichen
Verhalten der Besucher gehören.

Naturschutzgebiete dienen vorrangig der Bewahrung der Natur vor schädlichen
Einflüssen des Menschen. Sie sind dort ausgewiesen, wo sich die Natur noch in
weitgehend unberührtem Zustand zeigt oder wo seltene Arten und Lebensgemein-
schaften von Tieren und Pflanzen noch in besonderer Vielfalt vorkommen. In
diesen Gebieten soll sich der Mensch ganz besonders respektvoll gegenüber der
Natur verhalten.

Zu **Landschaftschutzgebieten** wurden Bereiche erklärt, in denen die vom Menschen, besonders vom Bauern, gepflegte Kulturlandschaft überwiegt. Sie bietet
besondere, den Menschen ansprechende Reize wie z.B. das Weidevieh in der
Weite der Almen, gemütliche Berghütten oder auch international bekannte Schön-
heiten wie den Großen Ahornboden im Rißtal. Landschaftsschutzgebiete sind für
das Wohlbefinden des Besuchers da. Er soll sich darin so verhalten, daß auch seine
Mitmenschen Wohlbefinden und Erholung finden können, und soll nicht zuletzt
auch das Eigentum des Bauern, der diese Landschaft so schön gestaltet hat,
respektieren.

Ruhegebiete sind Zonen, die sich durch besondere Ruhe auszeichnen und die
speziell für die Erholung des Menschen abseits von Lärm und Trubel der Technik
geschaffen wurden. So sind darin lärmerregende Betriebe, öffentlicher Kraftfahr-

zeugverkehr sowie Seilbahnen und Lifte strikt verboten. Der Besucher soll sich dementsprechend verhalten: Er soll die Stille und Beschaulichkeit der Natur genießen, soll die Seele für das Schöne öffnen und innere Harmonie wiederfinden. Er wird alles vermeiden, was diese äußere und innere Ruhe stören könnte.

Schließlich gelten im ganzen **Alpenpark Karwendel** umfassende Pflanzen- und Tierschutzbestimmungen: Alle Pflanzenarten, die Pilze und alle Arten nicht jagdbarer Tiere genießen gänzlichen Schutz, jegliche Entnahme, Beförderung oder Verwertung außerhalb der landwirtschaftlichen Nutzung ist unzulässig.

Was kann ich als Besucher für den Alpenpark tun?

Ich verzichte im Alpenpark auf mein Auto, denn ich bin ja zum Wandern und Bergsteigen hierher gekommen.

Ich unterlasse den Wildwassersport am Rißbach zwischen »Hagelhütten« und »Neunerbrücke«, um gefährdete Vögel nicht zu stören.

Ich campiere mit Zelt oder Wohnmobil nicht im Alpenpark, sondern nur auf den Campingplätzen außerhalb des Schutzgebietes.

Ich bewahre die Ruhe der Gebirgslandschaft, belausche die Stimmen der Natur und verzichte auf Radio oder Lautsprecher.

Ich nehme keine Pflanzen mit, damit sich auch noch andere Wanderer daran erfreuen können.

Ich sammle keine Beeren und Pilze, weil diese als Nahrungsgrundlage für Tiere dienen und für den Bestand des gesunden Waldes lebenswichtig sind.

Ich vermeide unnütze Verpackung und nehme jeglichen Müll meines Proviantes wieder ins Tal mit, denn ich will die Gebirgslandschaft so sauber erhalten wie sie ist.

Ich verzichte auf die Verwendung von Gleitschirmen und Flugdrachen, damit die Zufluchtsräume für Vögel und Bergwild ungestört bleiben.

Der Steckbrief

Lage: Nördliche Kalkalpen; Tiroler Anteil des Karwendels zwischen Seefelder Becken und Achensee, zwischen Inntal und Staatsgrenze.

Fläche: 730 km^2.

Höhenlagen: Zwischen rund 600 m (Inntal) und 2749 m (Birkkarspitze).

Vegetation: Trockenrasen; Wälder aus Kiefern, Fichten, Tannen, Buchen, Ahorn, Lärchen, Zirben, Latschen; Almwiesen; Zwergstrauchheiden; Fels- und Schuttfluren.

Rechtsgundlage: Tiroler Naturschutzgesetz; Verordnungen der Landesgesetzblätter Nr. 21-32/1989.

SEIEN SIE WILLKOMMENER GAST IM ALPENPARK KARWENDEL !

NOTIZEN